Librairie spéciale des **LOIS NOUVELLES COMMENTÉES**, 103, boulevard Saint-Michel, Paris (Vᵉ)

ASSISTANCE OBLIGATOIRE

AUX

Vieillards, infirmes et incurables

PRIVÉS DE RESSOURCES

CIRCULAIRE INTERPRÉTATIVE

DU PRÉSIDENT DU CONSEIL, MINISTRE DE L'INTÉRIEUR

Du 6 mars 1910

ET

DÉCRET-RÈGLEMENT DU 3 AOUT 1909

Avec index alphabétiques très complets

PRIX : 1 FR. 50

ADMINISTRATION

DU BULLETIN-COMMENTAIRE DES LOIS NOUVELLES ET DÉCRETS

103, BOULEVARD SAINT-MICHEL, 103, PARIS (Vᵉ)

BULLETIN-COMMENTAIRE

DES

LOIS NOUVELLES ET DÉCRETS

Recueil mensuel, fondé en 1894. — 7 fr. par an (Étranger : 8 fr.)

ADMINISTRATION : 103, boulevard Saint-Michel, à PARIS

Jamais l'activité législative n'a été aussi grande qu'à notre époque; au fur et à mesure des rapides modifications de l'état social, des besoins nouveaux se font sentir. Le législateur s'efforce de leur donner satisfaction par des lois nouvelles qui souvent modifient profondément les principes généraux du droit admis jusqu'alors.

Le monde des affaires a besoin de connaître l'économie de ces dispositions législatives nouvelles dès promulgation. En effet, la jurisprudence antérieure n'a souvent plus d'objet par suite d'une loi nouvelle qui sera peut-être suivie d'un autre texte législatif, avant même que des arrêts de principe aient été rendus en la matière.

Mais il est impossible au magistrat, à l'avocat, à l'avoué, aux officiers publics et ministériels, à tous ceux enfin ayant besoin d'être promptement et sûrement documentés, de se livrer à de longues recherches dans les auteurs, à l'Officiel, dans les rapports faits à la Chambre et au Sénat, dans les discussions parlementaires et la jurisprudence.

Le **Bulletin-Commentaire des Lois nouvelles et Décrets** *facilite la tâche de tous en publiant, dès promulgation, une savante analyse, un commentaire rapide et complet des lois, décrets, circulaires, etc., se rapportant à une disposition législative nouvelle. Il renvoie aux textes encore en vigueur ou indique en quoi les dispositions nouvelles diffèrent de la législation antérieure, la complètent ou y dérogent.*

Cette œuvre de science autant que de patience ne peut être menée à bonne fin que par de savants spécialistes qui, dans le silence du cabinet, travaillent pour tous sur une question qu'ils ont étudiée d'une façon spéciale, en compulsant tous les documents utiles, souvent difficiles et onéreux à se procurer.

Publier rapidement un commentaire très exact, concis et peu coûteux, qui soit pour nos abonnés une économie de temps et de recherches dispendieuses, **qui** *leur* **permette,** *en un mot,* **d'avoir sous la main et pour ainsi dire d'embrasser d'un seul regard tous les renseignements relatifs à une question nouvelle,** *tel est le but que nous nous efforçons d'atteindre. Notre tâche est grandement facilitée grâce à l'excellence de notre Comité de rédaction, qui, depuis dix-sept ans, ne marchande ni son temps ni sa peine, pour faire œuvre vraiment originale, pratique, juridique et très documentée.*

Le **Bulletin-Commentaire des Lois nouvelles et Décrets** *paraît le 15 de chaque mois en fascicule d'autant plus gros que la matière à commenter est plus importante. Chaque numéro contient un ou plusieurs* **commentaires complets,** *souvent* **accompagnés de formules pratiques, avec textes législatifs s'y référant,** *et un index alphabétique permettant de trouver de suite la solution cherchée.*

Aussi trouve-t-on notre Bulletin dans toutes les bibliothèques de droit, qu'il tient constamment au courant, en supplémentant tous les autres ouvrages sans faire aucun double emploi. — **Chaque article forme un véritable traité, qu'il est indispensable de consulter pour connaître le dernier état du droit sur toutes les questions d'actualité.**

Assistance obligatoire

AUX

VIEILLARDS, INFIRMES ET INCURABLES

PRIVÉS DE RESSOURCES

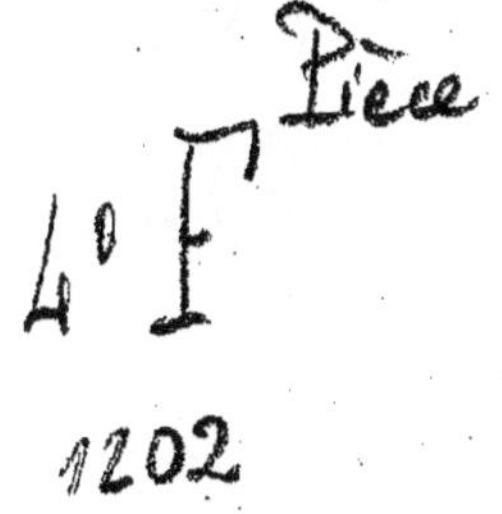

ASSISTANCE OBLIGATOIRE

AUX

Vieillards, infirmes et incurables

PRIVÉS DE RESSOURCES

CIRCULAIRE INTERPRÉTATIVE

DU PRÉSIDENT DU CONSEIL, MINISTRE DE L'INTÉRIEUR

Du 6 mars 1910

ET

DÉCRET-RÈGLEMENT DU 3 AOUT 1909

Avec index alphabétiques très complets

PRIX : 1 FR. 50

ADMINISTRATION

DU BULLETIN-COMMENTAIRE DES LOIS NOUVELLES ET DÉCRETS

103, BOULEVARD SAINT-MICHEL, 103, PARIS (V°)

ASSISTANCE OBLIGATOIRE AUX VIEILLARDS, INFIRMES ET INCURABLES

Revue de la jurisprudence
et Circulaire interprétative du 6 mars 1910
de M. le président du conseil, ministre de l'intérieur et des cultes
à MM. les préfets
pour l'application de la loi du 14 juillet 1905 [1].

SOMMAIRE

(Les chiffres renvoient aux numéros en caractères gras, ajoutés pour faciliter les recherches.)

---

(1) Voir Guillot et Cameau, *Assistance obligatoire aux vieillards*, avec revue de jurisprudence d'après la circulaire du 14 juillet 1908, et *Bulletin-Commentaire des Lois nouvelles*, t. VI, p. 241, et t. VII, p. 201 et 601.

ANNEXES

INDEX ALPHABÉTIQUE

(Les chiffres renvoient aux numéros en caractères gras, ajoutés pour faciliter les recherches.)

BUT DE LA LOI

1. L'attente de réformes prochaines ne doit pas empêcher la nation d'apprécier à sa juste valeur l'importance de celles qui déjà sont acquises. La loi du 14 juillet 1905, qui a organisé en France l'assistance obligatoire aux vieillards, aux infirmes et aux incurables, a réalisé un véritable progrès dans le domaine de la solidarité sociale où c'est l'honneur de la République d'avoir tant fait jusqu'à ce jour, comme c'est son ambition et son ferme propos de faire plus et mieux encore dans l'avenir.

Votée par le Parlement comme une préface à l'œuvre des retraites ouvrières et paysannes, cette loi devait parer aux besoins les plus urgents; aux vieillards de plus de soixante-dix ans, et aussi aux personnes d'un âge moindre, mais qu'une infirmité ou maladie reconnue incurable met hors d'état de gagner leur vie par le travail, elle devait assurer le minimum indispensable à l'existence. Nul ne pourrait méconnaître que ce but a été atteint et que l'œuvre généreuse voulue par le Parlement a été accomplie. Le nombre est immense des misères qui, grâce à la loi de 1905, ont été soulagées, des pauvres foyers où ses bienfaits ont apporté, au nom de la nation, un modeste réconfort, des vieillards qui, délivrés désormais de l'angoisse du pain quotidien, sont recueillis dans des établissements hospitaliers ou reçoivent leur pension à domicile.

Les détracteurs systématiques de l'œuvre sociale de la République se sont efforcés de jeter un certain discrédit sur la loi de 1905 en alléguant que le bénéfice en était trop souvent refusé aux ayants droit pour des raisons d'ordre politique et électoral. Aucune accusation n'est plus dénuée de fondement. D'ailleurs, les réclamations qui m'ont été soumises à ce sujet sont en nombre absolument infime. En tout cas — et c'est un point essentiel que vous ne manquerez pas, à l'occasion, de mettre en évidence — le législateur a entouré la reconnaissance du droit nouveau qu'il fondait de si sérieuses garanties contre l'arbitraire, que tout vieillard ou infirme ayant un titre réel au bénéfice de la loi est assuré, en dépit de toute injustice locale, de faire triompher ce droit; les recours sont, en effet, jugés en dernier ressort par la commission centrale, dont le souci d'impartialité s'impose au respect de tous.

Si tous ceux qui ont des titres réels à l'assistance sont certains d'être effectivement assistés, en sens inverse, on doit se préoccuper du nombre trop élevé de personnes admises au bénéfice de la loi et qui n'auraient pas dû l'être, parce qu'elles ne remplissent point toutes les conditions requises. Des abus ont été commis. A diverses reprises, il vous a été adressé des instructions pressantes par lesquelles votre attention a été appelée sur la nécessité qui s'imposait à tous, aux conseils municipaux et aux commissions cantonales, comme à vos collaborateurs directs et à vous-même, de faire le maximum d'efforts pour réprimer et surtout pour prévenir ces abus. Je me plais à reconnaître que, dans un grand nombre de départements, cet appel n'a pas été vain, que chacun a apporté à l'exacte application de la loi une plus sérieuse vigilance, et qu'un contrôle sur pièces et sur place a été constitué dont les résultats n'ont pas tardé à se faire sentir. Le décret du 3 août 1909, dont vous trouverez ci-dessous le commentaire, vous facilitera dans une large mesure votre tâche. Non seulement vous devrez et vous pourrez désormais examiner de très près les inscriptions nouvelles, mais vous ne manquerez pas de continuer à soumettre à une étude particulière la situation de toutes les communes où le nombre des inscriptions anciennes vous paraîtra anormal. C'est défendre la loi que de veiller à ce qu'elle ne soit pas entraînée hors des limites que le Parlement lui a fixées. Il est du devoir de l'administration de rechercher et de poursuivre les abus. Au surplus, nul ne saurait prétendre juger uniquement sur ceux qui ont pu être

commis dans le passé, la loi de 1905, et il ne faut pas perdre de vue les incontestables mérites de cette grande œuvre de solidarité sociale dans le moment même où partout s'organise et se fortifie le contrôle nécessaire pour en assurer l'exacte et sincère application.

Le décret du 3 août 1909, dont le texte a été publié au *Journal officiel* du 13 août, vous a été signalé déjà par ma circulaire du 17 du même mois; pris conformément à l'avis émis par le conseil d'Etat, il a pour objet de régler certaines modalités d'application dont le législateur avait confié la détermination au gouvernement (art. 41 de la loi du 14 juillet 1905), et qui ne pouvaient être précisées utilement qu'à la lumière de l'expérience. Au commentaire de ce décret, j'ajouterai certaines observations relatives, en premier lieu, à de récentes décisions du conseil d'Etat, en second lieu, à des décisions de la commission centrale; en troisième lieu, à des solutions concertées entre divers services administratifs; enfin à des avis formulés par mon administration, en réponse à des questions posées par divers de vos collègues; j'indiquerai, à propos des divers articles, les quelques points de circulaires antérieures devenus caducs du fait de la jurisprudence.

J'examinerai l'un après l'autre les articles de la loi de 1905 auxquels se réfèrent, soit les prescriptions du décret du 3 août, soit les diverses observations dont je viens de définir le caractère. Sans doute, cette méthode aura l'inconvénient de démembrer en quelque sorte le décret et de présenter une exposition d'apparence moins ordonnée, mais elle aura l'inappréciable avantage de permettre à vos services de consulter cette circulaire beaucoup plus aisément, d'en rapprocher les multiples objets, et de ceux des précédentes circulaires du 16 avril 1906 et du 14 juillet 1908 établies sur le même plan, et des dispositions mêmes de la loi.

ARTICLE 1er

Conditions dont le postulant doit justifier

La règle essentielle dont on ne saurait assez se pénétrer tout d'abord, c'est que nul ne peut être admis au bénéfice de la loi s'il ne justifie remplir les conditions exigées par l'article 1er.

A. — *Qualité de Français*

1 bis. A diverses reprises, j'ai appelé, comme il convenait, l'attention de M. le garde des sceaux sur la nécessité d'examiner de façon très spéciale les demandes de naturalisation présentées par des vieillards ou des infirmes, au sujet desquels on peut estimer qu'ils ne souhaitent obtenir la qualité de Français que pour bénéficier de l'assistance. Sur toute demande de naturalisation vous êtes consulté; si cette demande émane d'un vieillard ou d'un infirme, la considération précédente ne manquera pas de retenir votre personnelle attention.

2. S'il vous arrivait de constater que, dans une commune, un vieillard ou un infirme a été admis qui ne fût point de nationalité française, vous interviendriez pour faire cesser immédiatement cette formelle violation de la loi.

B. — Privés de ressources

3. Il va de soi que pour déterminer le sens exact de ces mots « privés de ressources », il est indispensable de se reporter à l'article 20, lequel constitue au profit de certaines catégories de ressources (épargne, produit du travail, etc.) un privilège spécial.

4. Contrairement à ce qui pouvait apparaître des travaux préparatoires (circulaire du 16 avril 1906, sous l'article 20), et comme l'a expliqué la circulaire du 14 juillet 1908 (sous l'article 20 D), même quand il s'agit d'un dépôt dont le produit annuel est inférieur à 60 fr., la possession d'un livret de caisse d'épargne est une des ressources qu'il importe de connaître pour apprécier si le postulant se trouve dans le cas prévu par l'article 1er. D'accord avec mes collègues des travaux publics, des postes et des télégraphes, d'une part, du travail et de la prévoyance sociale, d'autre part, j'ai établi un modèle de la procuration que les autorités compétentes pour proposer, prononcer ou contrôler les admissions, pourront désormais exiger des candidats à l'assistance, quand ce point éveillera des doutes. Cette procuration permettra à qui de droit de vérifier si le postulant a ou n'a pas de dépôt de fonds, soit à la caisse nationale d'épargne, soit aux caisses d'épargne ordinaires. Vous trouverez en annexe (Annexe 1) à cette circulaire le modèle approuvé de cette déclaration.

5. Dans un ordre d'idées voisin, il nous a paru, à M. le ministre des finances et à moi, que d'utiles renseignements pourraient être donnés par l'administration de l'enregistrement aux fonctionnaires chargés du contrôle d'assistance. M. le ministre des finances a donc bien voulu adresser, le 7 juillet dernier, au personnel de l'administration de l'enregistrement, des domaines et du timbre, des instructions en ce sens; elles sont reproduites à la suite de la présente circulaire en annexe.

6. La question s'est posée de savoir, en présence de la demande d'un petit proprié-

taire, si on doit considérer que ses ressources consistent seulement dans les revenus qu'il peut tirer de l'immeuble qu'il occupe. La commission centrale a jugé qu'il convient de calculer comme ressources annuelles le revenu que pourrait produire, d'après l'âge du postulant, le capital représenté par la valeur de l'immeuble s'il était placé en rente viagère au capital aliéné, sans que, d'ailleurs, le propriétaire soit tenu de réaliser ce placement (10 juin 1909). Ainsi se trouve fixé un point que la circulaire du 16 avril 1906 avait signalé en le laissant suspendu (sous l'article 20).

7. Dans une espèce où une personne, tenue de la dette alimentaire, avait été condamnée, à la requête de l'hospice qui avait recueilli le postulant et qui l'entretenait, à servir une pension équivalente au taux de l'allocation mensuelle du domicile de secours de ce postulant, la commission centrale a jugé que celui-ci n'était pas privé de ressources dans le sens de l'article 1er de la loi du 14 juillet 1905, alors que le conseil municipal n'était pas tenu d'accorder l'hospitalisation (4 mars 1909).

8. Quand un postulant est titulaire d'une rente viagère, il ne suffit pas qu'il allègue, pour se dire privé de ressources, l'insolvabilité de son débiteur; c'est à lui de démontrer que sa créance est irrécouvrable (décision de la commission centrale, 18 février 1909); il suffit même que des personnes tenues de la dette alimentaire, des enfants par exemple, aient promis d'acquitter cette dette pour mettre obstacle à l'admission (décision de la commission centrale, 23 juillet 1908). Il importe donc absolument de mettre ces personnes en demeure de s'engager à remplir leurs obligations naturelles et légales, si elles paraissent en état de le faire, et cette mise en demeure doit être accompagnée de l'avis que, faute d'y satisfaire, le recours prévu par l'article 5 sera exercé. Il a été jugé que les autorités appelées à prononcer l'admission doivent surseoir à statuer jusqu'à ce que cette formalité essentielle ait été remplie (décision de la commission centrale, 11 février 1909).

9. Ne saurait être considéré comme dénué de ressources l'époux dont le conjoint a des moyens d'existence, provenant soit de ses biens propres, soit de sa faculté de travail, tels que ce conjoint puisse subvenir aux besoins de l'autre (décision de la commission centrale, 6 mai 1909). Toutefois, si les ressources du conjoint n'excèdent pas le taux plein de l'allocation mensuelle de la commune du domicile de secours, son époux est réputé sans ressources; il l'est aussi dans le cas où les ressources susdites sont de celles qui, en vertu des privilèges créés par l'article 20, n'entreraient pas en compte si leur titulaire réclamait lui-même l'assistance. Ainsi, le produit du travail d'un époux septuagénaire sera considéré comme inexistant quant à l'aide due à son conjoint; une rente à lui acquise par l'épargne sera considérée, à cet égard, comme inexistante à concurrence de 60 fr., ou même de 120 fr., s'il a élevé trois enfants jusqu'à l'âge de seize ans, et à concurrence de moitié pour l'excédent, etc. (décision de la commission centrale, 5 mars 1909).

10. La circonstance que la loi du 7 juillet 1904, en supprimant des congrégations, a prévu l'allocation de pensions viagères au profit de leurs anciens membres dans certaines conditions, n'est pas de nature à faire considérer ceux-ci comme jouissant de ressources, s'il est établi qu'en réalité une pension de cette nature n'a pas encore été liquidée en leur faveur; mais on doit tenir compte, pour en déduire la valeur, du logement gratuit qui serait attribué au postulant dans un établissement de sa congrégation (décision de la commission centrale, 6 mai 1909).

11. Il va de soi qu'on doit considérer comme une ressource, dont il sera fait état pour les déductions, l'allocation de 75 centimes accordée en vertu de la loi du 21 mars 1905, sur le recrutement de l'armée (soutiens de famille).

12. Une situation de fait mettant le postulant à l'abri du besoin ne lui permet pas de se dire sans ressources. L'opinion qu'avait exposée sur ce point la circulaire du 14 juillet 1908 a été confirmée par la jurisprudence de la commission centrale; elle a jugé qu'une personne logée, nourrie, entretenue par sa sœur qui possédait une véritable aisance, n'était pas fondée à réclamer l'assistance (Décision de la commission centrale, 25 février 1909).

13. Mais il faut prendre garde ici à ne pas aller trop loin, et le souci nécessaire de prévenir les abus ne doit pas avoir pour conséquence de faire méconnaître le droit : la décision à laquelle je viens de faire allusion n'a été prise, il convient de le souligner, que parce que la personne chez qui vivait la postulante avait de notables ressources. Une décision différente s'imposerait de toute évidence si cette condition n'était pas remplie. Par exemple — et c'est un cas fréquent, — lorsque le vieillard vit au foyer d'un de ses enfants, on ne saurait lui refuser l'inscription qu'il sollicite raison prise de ce fait que jusqu'à ce jour ce vieillard a eu ainsi son existence assurée; il est juste ici d'apprécier l'aide que l'enfant peut normalement donner à son ascendant, en tenant compte des ressources dont il dispose lui-même. Lorsqu'un fils, pour subvenir aux besoins de son père, a prélevé sur ses propres ressources une part relativement con-

sidérable qu'il n'a mesurée qu'à son amour filial, ce serait décourager un sentiment à la fois aussi naturel et aussi noble que d'exclure désormais le vieillard du bénéfice de la loi; ce serait inciter les enfants qui se trouvent en une telle situation à cesser d'accomplir leur devoir, à chasser les vieux parents de leur foyer ou, tout au moins à se mettre d'accord avec eux de façon qu'après avoir quitté le foyer du fils, les vieux puissent acquérir un droit à l'assistance légale. Ce qu'il faut chercher à discerner, c'est donc le secours mensuel que, en vertu de la loi civile, le fils serait contraint de verser à l'ascendant s'il n'avait pas admis celui-ci à son domicile et s'il refusait de s'acquitter volontairement de sa dette; ce secours dépend de la situation sociale, des ressources du fils; il ne peut être nul que dans des circonstances tout à fait rares, si le fils lui-même, chargé de famille, est véritablement dans la misère; il peut être modeste, 3 fr., 5 fr. par mois; il peut être plus élevé; on devra en tenir compte en vue des déductions prévues par l'article 20.

14. Si donc un vieillard demandant l'assistance vit chez un de ses enfants, ce n'est que dans des cas absolument exceptionnels que le taux plein lui peut être accordé; il sera inscrit avec un taux réduit, après déduction faite selon la règle ci-dessus; mais il ne peut être repoussé en raison de sa « situation de fait » que si cet enfant est dans une situation aisée, dispose de ressources suffisantes pour que — s'il refusait d'aider son ascendant — le juge le pût normalement contraindre à verser à celui-ci un secours mensuel au moins égal au taux de l'allocation mensuelle fixé dans la commune pour l'application de la loi de 1905.

C. — *Vieillards*

15. Il est à peine besoin de rappeler que la loi du 31 décembre 1907, modifiant sur ce point celle du 14 juillet 1905, n'exige plus du vieillard âgé de plus de soixante-dix ans la preuve qu'il est incapable de subvenir par son travail aux nécessités de l'existence. La circulaire du 15 janvier 1908 a expliqué en quoi les commentaires fournis à l'égard de cette catégorie de personnes par la circulaire du 16 avril 1906 (sous les articles 1 et 20) s'en trouvent naturellement modifiés.

D. — *Infirmes et incurables*

15 bis. Le rapport de l'inspection générale constate l'excessive facilité avec laquelle certains médecins délivrent des certificats d'infirmité ou d'incurabilité. Comme je l'indiquerai plus loin, une disposition de l'article 5 du règlement d'administration publique (voir ci-dessous à propos de l'article 9 de la loi) procure le moyen de remédier à cet abus ; mais, dès à présent, j'appelle votre attention sur les points suivants :

16. Parfois le médecin certificateur atteste que le postulant se trouve dans un cas prévu par l'article 1er ou, après avoir indiqué l'existence de telle infirmité ou de telle maladie incurable, en tire la conclusion que l'intéressé est incapable de subvenir par le travail aux besoins de la vie, sans que cette conclusion s'impose nullement ; par exemple, après avoir certifié que telle personne est affectée d'un pied bot, d'une hernie, le praticien ajoute que cette infirmité la rend incapable de tout travail. On ne doit pas s'arrêter à une telle conclusion ; si le médecin a toute compétence pour signaler l'état physique du sujet soumis à son examen, c'est à d'autres que le législateur a confié le soin de statuer sur l'admission à l'assistance et donc d'apprécier si l'état physique décrit par l'homme de l'art correspond à la condition qu'exige l'article 1er.

17. Je n'ai pas à revenir sur les explications que vous a fournies la circulaire du 14 juillet 1908 sur l'exclusion des mineurs de seize ans, sur ses motifs et sur les conséquences qui en découlent ; il suffit de noter qu'une décision contentieuse de la commission centrale (8 juillet 1909) a confirmé l'opinion adoptée par mon administration d'après un avis de principe de la commission.

18. Certains médecins, formulant comme lorsqu'il s'agit d'accidents du travail, spécifient que la faculté de travail de l'infirme ou de l'incurable est réduite d'une quotité donnée : à une moitié, un tiers, un quart, par exemple ; ce serait une erreur d'en prendre texte pour accorder la moitié, les deux tiers ou les trois quarts du taux de l'allocation mensuelle ; en effet, il est évident que si la faculté partielle de travail conservée par le postulant lui permet de se procurer un gain supérieur ou même seulement égal à ce taux, nulle raison n'existe de l'admettre à l'assistance ; la commission centrale a jugé ainsi par décision en date du 11 février 1909.

19. Telles infirmités mettent le malheureux qui en est affligé dans l'impossibilité de gagner sa vie, mais sont susceptibles d'amélioration moyennant des soins appropriés. On n'est pas alors en présence d'un cas prévu par la loi de 1905 ; c'est à la loi du 15 juillet 1893 sur l'assistance médicale gratuite qu'il faut recourir (commission centrale, 11 février 1909).

20. C'est encore cette loi, à défaut de celle du 7 août 1851, qui est applicable, et non la loi de 1905, quand le postulant, atteint d'une maladie plus ou moins lente, mais non incu-rable de sa nature, est arrivé à un point où les médecins désespèrent de sa guérison.

Cette personne n'est pas une incurable au sens de l'article 1er. Je ne méconnais point que la distinction présente des difficultés ; il faut pourtant la faire sous peine d'arriver à cette conséquence absurde qu'autrement pres-que tous les malades, aux approches de la mort, relèveraient de la loi de 1905. Pour différencier les deux cas, la meilleure méthode paraît être de ne regarder comme incurables, dans la signification légale du mot, que ceux dont la place n'est pas dans une salle d'hôpital.

E. — *Aliénés*

21. Une dernière observation me paraît nécessaire en ce qui touche les aliénés. Naguère, il arrivait que des vieillards fussent maintenus dans un asile d'aliénés, bien qu'ils n'eussent besoin ni de la surveillance, ni des soins spéciaux qui ne peuvent être donnés que dans ces établissements ; ils étaient conservés là par commisération parce qu'ils étaient sans famille, sans ressources, parce que leur état de sénilité les mettait dans l'impossibilité de gagner leur vie par le travail, et qu'il paraissait ainsi inhumain de les faire sortir de l'asile pour les laisser sans subsistance le long des routes. Mon prédécesseur a, dans sa circulaire du 10 novembre 1906, appelé votre attention sur ces cas ; ces vieillards ont quitté l'asile pour l'hospice, et ce n'est pas un des moindres bienfaits de la loi de 1905 d'avoir assuré à cette catégorie de malheureux une vieillesse plus paisible que celle qui leur aurait été réservée à l'asile d'aliénés.

22. Mais, en sens inverse, il pourrait advenir que, pour des raisons diverses, on admît au bénéfice de la loi de 1905 des personnes qui sont notoirement atteintes d'aliénation mentale, et auxquelles il serait impossible de laisser la pleine liberté de l'assistance à domicile ou la liberté réduite, mais si large encore, de l'hospice, sans danger pour l'ordre public, sans péril pour elles-mêmes ou pour autrui. Je vous prie de veiller à ce que de telles erreurs ne puissent être commises : il ne faut pas oublier que la loi de 1838 sur le régime spécial des aliénés subsiste tout entière (art. 40 de la loi de 1905).

ARTICLE 2

Assistés admis par une collectivité qui n'est pas celle du domicile de secours. — Erreur reconnue. — Conséquence

23. § 1. L'article 2 dispose que « l'assistance est donnée par la commune où l'assisté a son domicile de secours ». Il ne faudrait pas en conclure que du moment où une commune ayant accordé l'assistance à une personne considérée comme y possédant son domicile de secours, constate son erreur, et s'aperçoit que cette personne a son domicile de secours ailleurs, ou n'a point de domicile de secours, elle peut supprimer immédiatement cette personne de sa liste. Une telle décision serait illégale.

24. § 2. Il est contraire à la loi qu'un conseil municipal (et il en serait de même des autres collectivités à l'égard des assistés pris, suivant elles, par erreur, à leur charge), raye ceux dont il croit, pour une raison quelconque, qu'ils n'ont pas de domicile de secours dans la commune; il ne suffit pas que le conseil municipal ait cette opinion, il faut qu'il soit établi que le domicile de secours est ailleurs, et ce fait peut être établi de l'une ou de l'autre de ces deux façons : ou parce qu'une autre collectivité aura reconnu que le domicile de secours est de son ressort, ou bien, en cas de désaccord, par une décision du juge compétent.

25. § 3. Lors donc qu'un conseil municipal estime qu'il a indûment assisté jusqu'alors des vieillards, des infirmes ou des incurables n'ayant pas le domicile de secours dans la commune, il doit, de concert avec le préfet, rechercher la collectivité réellement débitrice, et qui est celle-là même à laquelle il s'adressera pour réclamer, dans les conditions de l'article 4, le paiement des sommes indûment versées jusqu'à concurrence d'une année de secours. Dès que cette collectivité aura reconnu qu'effectivement le domicile de secours de l'assisté envisagé lui incombe, le premier conseil municipal pourra rayer, puisque le fait nouveau, qui seul peut justifier la radiation, est reconnu, donc établi.

26. § 4. S'il y a contestation, le conseil municipal saisira le juge, en l'espèce le conseil de préfecture du lieu de la résidence de l'assisté; ce tribunal dira si le domicile de secours n'est pas dans la commune demanderesse, et j'insiste sur ce point, le préfet compétent ne manquera pas d'inviter le conseil de préfecture à dire où est le domicile de secours, après mise en cause, bien entendu, de la nouvelle collectivité visées. Sitôt la décision notifiée aux parties, le fait est établi, et la radiation devient une conséquence logique de ce fait.

27. § 5. Procéder autrement serait créer une situation dangereusement confuse et se lancer dans un inconnu d'autant plus redoutable que pendant le cours des contestations qui surgiraient entre la première commune d'une part et les autres collectivités, la condition des malheureux rayés serait lamentable.

28. § 6. Si donc un conseil municipal de votre département décidait une radiation dans les circonstances envisagées au début, vous prononceriez immédiatement, en conseil de préfecture, la nullité de sa délibération par application des articles 63 et 65 de la loi du 5 avril 1884 ; cela fait, vous examineriez avec la commission départementale le dossier de l'assisté rayé; vous feriez connaître à la municipalité si cette personne est reconnue avoir le domicile de secours départemental dans votre département, toute diligence étant faite pour l'inscrire sur la liste du département, selon la procédure ordinaire. Vous enverrez le dossier à votre collègue compétent ou à moi-même, selon que vous croirez que l'intéressé a son domicile dans un autre département ou qu'il est pourvu de domicile de secours.

29. § 7. Si, d'autre part, un de vos collègues vous adresse un dossier dans de semblables conditions, vous apporterez une activité particulière à saisir, soit le conseil municipal de la commune désignée comme vrai domicile de secours, soit la commission départementale, s'il s'agit d'un domicile départemental, et, la décision prise, à la notifier à votre collègue. Il va de soi que reconnaître que l'assisté a son domicile de secours dans une autre collectivité ou qu'il n'en a pas, c'est, pour la collectivité auteur de cette reconnaissance, reconnaître en même temps le droit pour la première commune à obtenir le remboursement défini à l'article 4.

30. § 8. Mais, puisque ce remboursement est limité à la durée d'une année de secours, le devoir s'impose à toutes les autorités intervenantes de hâter la solution, et, spécialement, en cas de contestation, les conseils de préfecture devront juger dans le moindre délai, vu l'urgence. Vous y veillerez, vous et M. le secrétaire général.

ARTICLE 3

Domicile de secours

31. § 1. Par arrêts du 22 mai 1908 et du 22 janvier 1909, le conseil d'État a jugé : 1° que, la loi du 14 juillet 1905 ne devant pas avoir d'effet rétroactif, les personnes qui, sans remonter au delà du 1er janvier 1902, n'avaient point cinq ans de résidence dans une commune ou un département (soit, s'il s'agit de vieillards ayant alors plus de soixante-cinq ans au 1er janvier 1907, soit, s'il s'agit d'infirmes ou d'incurables, à la date postérieure où ils ont atteint soixante-cinq ans, ou s'ils ne les ont pas atteints à la date de la demande), sont dépourvus de domicile de secours, et 2° que l'on ne peut faire entrer en compte pour la durée de cinq ans le temps passé dans un établissement hospitalier « situé en dehors du lieu habituel de la résidence ». Certaines administrations, exagérant la portée de ces décisions, faute d'avoir remarqué ces derniers termes, ont pensé que le temps de toute hospitalisation était inopérant pour la constitution du domicile de secours. C'est une erreur.

32. § 2. En effet, si d'après le dernier paragraphe de l'article 7 de la loi du 15 juillet 1893, auquel se réfère la loi de 1905, l'absence occasionnée par un traitement dans un établissement hospitalier situé en dehors du lieu habituel de résidence du malade ne peut avoir effet quant à la perte du domicile de secours, et si l'on doit en induire qu'il ne produit pas davantage effet quant à l'acquisition de ce domicile, on est amené à conclure qu'en sens contraire le traitement dans un établissement hospitalier situé au lieu habituel de la résidence est considéré par le législateur comme produisant des conséquences inverses, de telle sorte que le temps passé dans cet établissement, continuation, prolongation de la résidence habituelle, entre en compte pour le calcul de la durée de la résidence constitutive du domicile de secours.

Exemple : un vieillard qui n'a cessé de vivre dans la commune A, du 1er janvier 1902 au 1er janvier 1907, y a son domicile de secours communal, alors même que, au cours de cette période, il aurait été soigné comme malade à l'hôpital de A, ou aurait été entretenu quelque temps dans l'hospice de A.

33. § 3. Et ce que je dis du domicile de secours communal est vrai aussi, comme le conseil d'État l'a jugé par un arrêt du 19 novembre 1909, du domicile de secours départemental. Il y a résidence habituelle départementale, comme il y a résidence habituelle communale. Si donc le postulant a été hospitalisé dans un établissement situé dans le département où d'habitude il résidait, la durée de son hospitalisation ne compte pas, il est vrai, pour l'acquisition d'un domicile de secours communal si l'hospice n'est pas celui de la commune de résidence, mais elle compte pour l'acquisition du domicile de secours départemental.

Exemple : un vieillard, habitant de la commune de A (département de N), qui n'a pas cessé de vivre dans le département de N, du 1er janvier 1902 au 1er janvier 1907, y a le domicile de secours départemental, alors même que dans le cours de cette période, il aurait été soigné comme malade à l'hôpital de B (département de N), ou aurait été entretenu quelque temps dans l'hospice de B.

34. § 4. Ces solutions sont conformes à un avis émis relativement à une demande d'ad-

mission d'une personne présentée inexactement comme dépourvue de domicile de secours, par la commission centrale, dans sa séance du 29 juillet 1909. Cet avis considère de plus que l'hospice dépendant du département du lieu habituel de la résidence, mais situé géographiquement en dehors de la circonscription territoriale du département, doit être réputé établissement situé dans le lieu habituel de la résidence, eu égard à la constitution du domicile de secours départemental, et qu'une colonie familiale est, sous ce rapport, assimilable à un hospice.

35. § 5. Bien entendu, a un domicile de secours communal ou départemental le postulant qui, n'ayant pas eu soixante-cinq ans avant le 1er janvier 1907, a, depuis le 1er janvier 1902, résidé habituellement cinq ans dans la même commune ou le même département, et n'avait pas quitté cette commune ou ce département depuis cinq ans, soit le jour où il a atteint l'âge de soixante-cinq ans, soit, s'il n'a pas atteint cet âge, le jour où il a formé sa demande. Il n'a pas, en effet, perdu le domicile de secours que lui avait acquis sa résidence habituelle dans ladite commune ou ledit département.

ARTICLE 5

Recours contre l'assisté à qui on reconnaît ou à qui surviennent des ressources suffisantes, et contre les personnes tenues de la dette alimentaire

36. § 1. Trop souvent on néglige d'exercer un recours, perdant de vue que la loi, non seulement en donne la faculté, mais en impose le devoir, puisqu'il s'agit de restituer aux finances publiques des sommes la plupart du temps indûment dépensées. A défaut des maires, s'il s'agit d'assistés ayant un domicile de secours communal, vous devez introduire ces actions au nom du département et de l'État. Le rapport de l'inspection générale constate que plusieurs de vos collègues le font. La morale publique y gagne non moins que les contribuables. Les renseignements que mettra en vos mains l'application de l'article 5 du règlement d'administration publique (V. ci-dessous à propos de l'article 9 de la loi), utilisés par le contrôle (V. ci-dessous à propos de l'article 6), faciliteront cette partie importante de votre tâche. Le gouvernement s'est efforcé de la rendre plus aisée à un autre point de vue.

Qui représentera le préfet en justice de paix ?

37. § 2. Jusqu'ici une difficulté avait entravé votre action. La plupart des recours sont du ressort des justices de paix, puisque l'article 7 de la loi du 12 juillet 1905 leur attribue compétence pour les demandes en pension alimentaire n'excédant pas 600 fr. par an, fondées sur les articles 205, 206 et 207 du Code civil. Or, devant cette juridiction, aux termes de l'article 19 du Code de procédure civile, « si, au jour indiqué par la citation, l'une des parties ne comparaît pas, la cause sera jugée par défaut, » en sorte que, faute pour le préfet d'être représenté par un mandataire spécial, défaut serait prononcé contre lui, eût-il saisi le juge de paix d'un mémoire administratif (arrêt de la Cour de cassation, requêtes, du 18 janvier 1909).

38. § 3. Or, trop fréquemment, vous aviez peine à trouver une personne autorisée à qui vous puissiez confier un tel mandat sans exposer des frais hors de proportion avec l'intérêt en jeu.

Sur mes instances, M. le ministre des finances a bien voulu lever cet obstacle en mettant MM. les percepteurs à votre disposition, là où il serait nécessaire, pour vous représenter devant la justice de paix dans les procès dont il s'agit.

39. § 4. Une instruction de la direction générale de la comptabilité publique à MM. les trésoriers-payeurs généraux en date du 26 juillet dernier s'exprime ainsi :

« L'article 5 de la loi du 14 juillet 1905 relative à l'assistance obligatoire aux vieillards, aux infirmes et aux incurables, privés de ressources, prévoit qu'un recours pourra toujours être exercé soit contre l'assisté, si on lui reconnaît ou s'il lui survient des ressources suffisantes, soit contre toutes personnes ou sociétés tenues de l'obligation d'assistance.

« Afin de faciliter l'exercice de ce recours, le ministre des finances a décidé, sur la demande de M. le président du conseil, que les préfets pourraient être représentés devant les juges de paix par les percepteurs, qui recevraient, par votre intermédiaire, un mandat spécial pour chaque affaire. »

40. § 5. Mais, pour détourner le moins possible les comptables de leurs occupations professionnelles et leur éviter des déplacements qui se traduiraient par une perte de temps importante, le concours des percepteurs a été consenti aux conditions suivantes :

« Ne pourront, tout d'abord, être commis que des percepteurs en résidence dans la commune siège de la justice de paix. En outre, les comptables devront s'entendre préalablement avec les juges de paix sur l'heure et le jour de la convocation, de telle sorte que leur bureau reste ouvert, sauf de très rares exceptions, aux heures réglementaires et qu'aucune entrave ne soit apportée à l'exécution des tournées de recouvrement dans les communes. M. le garde des sceaux a d'ailleurs adressé des instructions à ce sujet à ces magistrats.

41. § 6. « Quant à l'étendue de la mission qui leur est attribuée, les percepteurs remarqueront que leur rôle consiste à représenter le préfet à l'audience ; ils n'ont pas à participer à l'instruction de chaque affaire et vous voudrez bien vous assurer à cet égard que les dossiers qui vous seront transmis par la préfecture contiennent tous les renseignements nécessaires pour permettre aux percepteurs de s'acquitter de leur mandat. »

42. § 7. Il va de soi que vous n'userez de la faculté ainsi accordée par M. le ministre des finances qu'en cas de nécessité. Si, comme il est très désirable, l'organisation départementale du service comporte un contrôleur, c'est à cet agent que vous devez de préférence donner procuration. S'il n'existe pas de contrôleur, un de vos collaborateurs devra presque toujours recevoir ce mandat pour les justices de paix siégeant dans le chef-lieu du département ou dans les chefs-lieux d'arrondissement.

43. § 8. Il ne vous a pas échappé que les percepteurs n'ont point à participer à l'instruction des affaires ; il importe donc qu'à votre procuration soit joint un mémoire très précis accompagné de toutes justifications utiles qu'il suffira à votre mandataire de remettre au tribunal. Vous devrez vous attacher à prévoir, pour les réfuter par avance, les objections que l'adversaire pourrait opposer à la demande.

Cas d'assistés ayant plusieurs enfants

44. § 9. A propos de ces recours, quelques préfets m'ont demandé comment on doit procéder lorsqu'un assisté ayant plusieurs enfants, un seul est en situation de lui venir en aide. Le recours peut-il être exercé contre cet enfant seul, ou bien ses frères et sœurs doivent-ils être assignés conjointement avec lui ? Dans la seconde hypothèse, faut-il citer chacun des enfants devant le juge de paix ou le tribunal civil de son domicile, ou bien peuvent-ils être tous cités devant un seul tribunal, et devant lequel ?

45. § 10. De l'avis de M. le garde des sceaux, qui est aussi le mien, le recours dont il s'agit est soumis aux mêmes règles que la demande de pension alimentaire que l'assisté pourrait lui-même former. C'est donc à ces règles qu'il faut se référer pour rechercher si le recours doit être exercé contre tous les enfants de l'assisté ou peut n'être exercé que contre l'un ou quelques-uns de ses enfants.

46. § 11. En principe, tous les enfants sont tenus de la dette alimentaire. Cette dette est essentiellement personnelle et divisible ; chacun en est tenu dans la proportion de ses moyens, et ce sont les tribunaux qui apprécient la part contributive de chacun des enfants. Si, de plusieurs enfants, un seul est dans une situation qui lui permette de s'acquitter de cette obligation (les autres étant notoirement indigents), il pourra être seul condamné à fournir à ses parents dans le besoin les aliments qui leur sont nécessaires.

47. § 12. Si plusieurs des enfants sont en mesure de fournir des aliments à leurs parents, chacun d'eux n'est tenu de cette obligation alimentaire que pour sa part et portion.

48. § 13. De l'exposé de ces principes aujourd'hui admis en doctrine et en jurisprudence, il résulte que l'Etat, le département ou la commune qui entend réclamer le remboursement des avances faites à un assisté, peut exercer son recours contre un seul des enfants. Mais ce dernier ne manquera pas de se défendre, de soutenir que ses frères et sœurs ont les moyens de venir en aide à leur père et auraient dû être également assignés. Dans l'hypothèse où le demandeur prétendrait que les autres enfants sont sans ressources, il pourrait difficilement hors leur présence rapporter la preuve de leur indigence absolue ; il courrait alors le risque de ne voir sa demande admise qu'en partie, et de n'obtenir que le remboursement partiel de ses avances. Dans l'hypothèse où le juge reconnaîtrait que les autres enfants ne sont pas indigents, il lui serait toujours difficile de fixer exactement ce que doit, en réalité, le seul enfant mis en demeure.

49. § 14. Les mêmes inconvénients n'existeraient pas pour le demandeur (Etat, département ou commune) s'il mettait en cause tous les enfants, car un débat contradictoire s'élèverait entre eux sur leur situation de fortune et sur les conditions dans lesquelles chacun d'eux devrait acquitter la dette alimentaire ; le juge pourrait faire la répartition qu'il jugerait équitable et, s'il était prouvé qu'un seul des enfants a des ressources, il pourrait, dans le cas où il estimerait ces ressources suffisantes, condamner cet enfant à rembourser au demandeur la totalité de ses avances.

50. § 15. En résumé, l'Etat, le département ou la commune peut exercer son recours contre un seul des enfants de l'assisté, mais, dans la plupart des cas, il aura intérêt à les mettre tous en cause.

51. § 16. Sur le second point, la demande ne devant pas excéder 600 fr., c'est le juge de paix qui est compétent pour en connaître (art. 7, loi du 12 juillet 1905). Au cas où l'Etat, le département ou la commune déciderait de s'adresser à tous les enfants, il suffirait de les assigner tous devant un seul tribunal : la justice de paix du domicile de l'un des défendeurs, de préférence celui qui serait le plus notoirement solvable.

Succession de l'assisté

52. § 17. Un recours peut être exercé contre la succession de l'assisté, aussi bien que contre l'assisté lui-même (voir circulaire du 10 avril 1906, sous l'article 5). Il est donc indispensable de recommander instamment aux maires des communes de résidence qu'en notifiant le décès de l'assisté suivant la prescription de l'article 10 du règlement d'administration publique du 14 avril 1906, ils fassent savoir au préfet si cet assisté a laissé des biens et quelle en est approximativement la consistance ; ces renseignements devront sans retard être portés par le préfet du département de la résidence à la connaissance du préfet du département du domicile de secours dans le cas où ces départements diffèrent, soit à ma connaissance si l'assisté n'a pas de domicile de secours. On pourra vérifier ou compléter ces renseignements auprès de l'administration de l'enregistrement, ainsi qu'il a été expliqué plus haut sous l'article 1er.

Publicité à donner à ces jugements

53. § 18. Plusieurs préfectures ont trouvé un moyen d'action efficace dans la publication par la voie de la presse locale des jugements intervenus sur les recours exercés en vertu de l'article 5. En présence d'abus graves, vous pouvez user de ce procédé, qu'il s'agisse d'actions intentées, soit contre les assistés ou leur succession, soit contre les personnes tenues envers eux de la dette alimentaire.

Assistance judiciaire

54. § 19. Vous savez que l'assistance judiciaire est acquise de plein droit aux collectivités pour l'exercice de ces recours. J'ai été consulté sur la question de savoir si, sollicitant le bénéfice de l'assistance judiciaire en vue d'exercer, au nom du département, l'action en rescision d'actes frauduleusement accomplis par des bénéficiaires de la loi du 14 juillet 1905, la collectivité demanderesse devait justifier, dans les formes ordinaires, de l'insuffisance de ses ressources. Voici l'opinion à laquelle M. le garde des sceaux et moi nous sommes arrêtés.

55. § 20. Bien que l'action susvisée soit le préliminaire de l'action en remboursement des sommes indûment perçues à titre d'assistance, la disposition exceptionnelle de l'article 5 de la loi de 1905, suivant laquelle l'Etat, les départements et les communes jouissent de plein droit du bénéfice de l'assistance judiciaire, nous a paru ne pas pouvoir être étendue au delà des cas qu'elle prévoit (recours soit contre l'assisté, soit contre les personnes ou sociétés tenues de la dette alimentaire ou de l'obligation d'assistance).

56. § 21. Mais, si ces établissements publics désirent intenter d'autres actions, notamment celle de l'article 1167 du Code civil, ils peuvent solliciter l'assistance judiciaire conformément au droit commun (art. 1er de la loi du 10 juillet 1901). Par suite, pour jouir de ce bénéfice, ils doivent obtenir du bureau compétent une décision favorable (1).

57. § 22. Toutefois, on ne peut exiger que les demandes des établissements publics soient établies « dans les formes ordinaires ». En effet, vu l'impossibilité matérielle où ils se trouvent de produire les pièces mêmes visées par l'article 10 de la loi du 10 juillet 1901, les bureaux d'assistance judiciaire ne peuvent être fondés à les exiger.

58. § 23. En ce qui touche plus spécialement les actions en rescision préliminaires aux recours prévus par l'article 5, il est permis d'ailleurs de penser que, en raison de l'intérêt qui s'attache à déjouer les fraudes ayant pour résultat de fausser l'application de la loi de 1905, les bureaux d'assistance pourraient se borner à l'examen du fond de l'affaire.

Cette manière de voir ne paraît pas contraire à la volonté du législateur : ce n'est vraisemblablement pas, en effet, la question de l'insuffisance des ressources, mais des raisons tirées de la nature de l'affaire, qui l'ont déterminé à accorder de plein droit l'assistance judiciaire à l'Etat, aux départements et aux communes pour leur permettre d'intenter le recours prévu par l'article 5.

Dans l'espèce qui a motivé l'examen de la question, M. le garde des sceaux a invité M. le procureur général à faire porter cette manière de voir à la connaissance du président du bureau d'assistance judiciaire près le tribunal compétent, et à l'inviter à soumettre au bureau les demandes formées par le préfet. En cas de rejet, le procureur de la République avait ordre de déférer la décision du bureau de première instance au bureau établi près la cour d'appel.

---

(1) Voir Cluzel, *L'assistance judiciaire*, d'après les lois de 1901 et de 1907, et *Bulletin-Commentaire des Lois nouvelles*, t. VII, p. 173.

ARTICLE 6

Pouvoir d'organisation remis au conseil général

59. § 1. Le droit d'organiser dans le département le service de l'assistance aux vieillards, aux infirmes et aux incurables confié au conseil général se trouve, sur certains points, limité par quelques dispositions du nouveau règlement d'administration publique ; je m'en expliquerai à propos des articles 9 et 11 de la loi ; ce droit reste cependant très étendu et l'on peut dire qu'il dépend en grande partie des assemblées départementales de restreindre le champ des abus possibles. J'entends qu'elles peuvent, et par conséquent doivent, en constituant un contrôle efficace du service, donner à l'autorité préfectorale le moyen de surveiller le fonctionnement du service, de relever les erreurs, de déjouer les fraudes, et d'assurer ainsi l'exécution exacte de la loi.

60. § 2. Il s'en faut, le rapport de l'inspection générale le montre, qu'on ait compris partout la nécessité de ce rouage. Ici, obéissant à un sentiment d'économie fort mal entendu, on n'a point institué de contrôle du tout, ou bien, ce qui revient à peu près au même, on l'a confié aux maires ; ailleurs, on s'est contenté d'un fantôme de contrôle et l'on n'a ouvert qu'un crédit trop faible pour permettre au contrôleur de se transporter sur place là où devrait se porter son regard. Cet état de choses doit cesser. Qu'on charge l'inspection départementale de l'assistance de ce travail supplémentaire moyennant une équitable indemnité, ou que l'on crée un poste de contrôleur spécial dont la nomination vous appartiendrait, suivant la règle commune, je vous prie d'insister, le cas échéant, auprès de votre conseil général pour qu'il établisse un contrôle sérieux, armé des moyens nécessaires. Suivant la juste remarque de l'inspection générale, « les résultats donnés par le contrôle sur place dans les départements où il a commencé à fonctionner sont de nature à faire demander l'organisation de ce service dans toutes les préfectures ». Le rapport ajoute très judicieusement : « Les bureaux d'assistance et les conseils municipaux pourront, en invoquant la surveillance exercée sur place par ce contrôle, trouver une force pour résister bien mieux qu'ils ne peuvent le faire actuellement aux demandes d'inscriptions qui ne leur paraîtraient pas justifiées. Les maires, dans bien des cas, seront les premiers à signaler aux contrôleurs des inscriptions irrégulières contre lesquelles ils n'ont pas cru devoir s'élever. Il n'est pas rare, en effet, que des maires interviennent officieusement auprès des préfets pour leur demander de faire la radiation de noms qu'eux-mêmes ont fait inscrire sur les listes. »

61. § 3. Au sujet de l'organisation du contrôle, le rapport de l'inspection générale présente les observations suivantes que je signale à votre attention :

« Y a-t-il avantage à réunir entre les mêmes mains le contrôle sur pièces et le contrôle sur place, ou convient-il, au contraire, d'en faire deux organismes différents ? Le contrôle sur place n'étant en quelque sorte que le prolongement du contrôle sur pièces, il semble bien qu'il y a tout intérêt à ce que ce soit le même service qui exerce l'un et l'autre de ces contrôles ; la séparation présente plusieurs inconvénients dont les plus grands seraient une complication dans le service, ainsi que la difficulté d'établir les responsabilités. Par contre, la comptabilité devrait être indépendante du contrôle et rester attachée à une division de la préfecture.

« Il y a lieu d'examiner ensuite le meilleur mode d'organisation de ce contrôle. Il existe à ce point de vue une diversité assez grande suivant les départements. Dans les uns (et ce sont les plus nombreux), c'est l'inspection de l'assistance publique qui est chargée du contrôle ; dans d'autres, c'est un chef de division ou un chef de bureau ; ailleurs enfin, c'est un fonctionnaire spécial.

« Les départements sont d'importances trop différentes pour qu'il paraisse possible de proposer pour tous une organisation identique.

« Les chefs de division et de bureau des préfectures ont un travail qui ne leur permet guère de faire les absences que nécessiteraient de fréquents déplacements ; les inspecteurs et sous-inspecteurs sont mieux qualifiés pour ce contrôle qu'ils peuvent faire dans beaucoup de communes en même temps que les visites aux enfants qui dépendent de leur service.

« Mais une distinction paraît devoir être faite. Il est des départements où les services de l'enfance sont peu importants, et où l'inspection de l'assistance n'a dans ses attributions que les enfants assistés et la protection du premier âge ; dans ces conditions, l'inspecteur et le sous-inspecteur peuvent, sans inconvénient, être chargés du double contrôle sur pièces et sur place. Dans d'autres départements, au contraire, on a rattaché à l'inspection, non seulement tous les services d'assistance (hôpitaux, aliénés, assistance médicale gratuite, etc.), mais encore l'application de la loi de 1902 sur la protection de la santé publique. Comment, dans ces conditions, un inspecteur et un sous-inspecteur, déjà beaucoup trop surchargés par le travail de bureau que comportent tous ces services, pourraient-ils trouver le temps nécessaire pour la mise en application de l'assistance aux vieillards ? Trop

souvent déjà la multiplicité de leurs fonctions les empêche de consacrer aux visites à faire aux enfants de leur service tout le temps qui conviendrait. Pour confier dans ces départements le contrôle sur pièces et sur place à l'inspection de l'assistance, il conviendrait de lui enlever préalablement les autres services qui y ont été rattachés et dont serait chargée une division de la préfecture. Enfin, dans les très grands départements, les services de l'enfance sont trop importants pour qu'il n'y ait pas des inconvénients à charger l'inspection de l'assistance du contrôle de l'application de la loi de 1905.... »

ARTICLE 7

Préparation de la liste d'assistance

A. — *Demande écrite*

62. § 1. Le législateur a considéré comme essentiel que le postulant à l'assistance ait exprimé sa volonté d'être inscrit sur la liste ; l'article 7 de la loi a subordonné l'inscription au dépôt d'une « demande écrite » ; mais il arrive assez fréquemment qu'un candidat ne sache ou ne puisse écrire. Dans la pratique, la commission centrale avait admis que la déclaration du maire, attestant la volonté de cet incapable, pouvait être considérée comme la « demande écrite » exigée par la loi. Les articles 1er et 2 du règlement d'administration publique confirment cette jurisprudence en l'élargissant, mais ils ajoutent une garantie en prescrivant l'assistance de deux témoins. L'article 1er est ainsi conçu :

63. § 2. « Art. 1er. *Lorsque le vieillard, l'infirme ou l'incurable qui réclame le bénéfice de l'assistance instituée par la loi du 14 juillet 1905, ne peut signer la demande écrite prévue par l'article 7 de ladite loi, il appose sur cette demande un signe dont l'authenticité est attestée par deux témoins domiciliés dans la commune de sa résidence.* »

En conséquence, serait désormais illégale une décision prononçant l'admission d'une personne pour laquelle une demande signée de sa main, ou une demande établie dans la forme ci-dessus ne serait pas produite. Je ne pourrais donner suite à une proposition d'admission d'un individu dépourvu de domicile de secours à l'appui de laquelle ne figurerait pas une telle demande.

64. § 3. Toutefois cette règle comporte une exception que prévoit l'article 2 du décret du 3 août 1909 ; il y est disposé ainsi :

« Art. 2. *Si le postulant est incapable de manifester sa volonté, la demande est établie par le maire du lieu de résidence assisté de deux témoins.*

« *S'il est incapable de donner le consente-*
ment à l'hospitalisation exigé par l'article 19
de la loi, cette hospitalisation peut être or-
donnée par le conseil municipal sur la propo-
sition du maire. »

Cette exception était indispensable ; il arrive
en effet que des malheureux dont l'état ne leur
permet pas de manifester une volonté sous la
forme même la plus simple, aient besoin de
l'assistance ; mais il faut alors que cette circonstance soit affirmée par le maire du lieu de
la résidence assisté de deux témoins en même
temps que ce magistrat municipal formule la
requête au lieu et place de son administré incapable.

Je reviendrai sur le second paragraphe de
l'article 2 du décret en parlant de l'article 19
de la loi.

B. — *Récépissé*

65. § 4. Confirmant la recommandation que
la circulaire du 14 juillet 1908 avait faite,
d'après un avis de la commission centrale, le
règlement d'administration publique impose,
par son article 3, aux maires l'obligation
légale de donner récépissé des demandes d'assistance adressées au bureau d'assistance ; il
s'exprime ainsi :

« Art. 3. *Le maire est tenu de donner récé-*
pissé des demandes adressées au bureau d'as-
sistance et des réclamations destinées à la
commission cantonale. »

66. § 5. Si, ce que je me refuse à croire, un
maire tentait de se dérober à ce devoir si nettement formulé, vous ne manqueriez pas de
recourir à l'application de l'article 85 de la loi
du 5 avril 1884. Il faut absolument que le
postulant puisse justifier, en cas de réclamation,
qu'il a introduit sa demande.

C. — *Admission d'urgence*

L'article 7 de la loi, après avoir disposé, dans
son paragraphe 3, qu'il est procédé, par le bureau d'assistance, à la revision de la liste un
mois avant chacune des trois dernières sessions ordinaires du conseil municipal, ajoute
« et en cas de besoin dans le cours de l'année ».
Il fallait, en effet, prévoir les cas où une muta-
tion s'imposerait d'urgence. Il m'a été rapporté
qu'en quelques communes on abusait de cette
faculté et que des décisions y étaient fréquemment prises en dehors des sessions ordinaires,
sans qu'aucun motif grave justifiât cette déro-
gation à la règle. Il en résulte des convocations
multipliées des commissions cantonales qui,
en cas de réclamation, doivent statuer dans le
délai d'un mois ; d'où lassitude des membres
de ces commissions, et, par suite, abstention
de certains d'entre eux. Le cas échéant, vous
veillerez à ce que de semblables errements

cessent. Cela est d'autant plus important que,
suivant l'article 9 du règlement d'administration publique (voir sous l'article 11 de la loi),
la commission cantonale ne peut siéger valablement qu'autant que quatre de ses membres
assistent à la séance. Toute cause ou tout pré-
texte d'abstention doit donc être soigneuse-
ment évité. La légalité d'admissions prononcées
en session extraordinaire, « sans besoin »,
serait d'ailleurs sujette à contestation.

ARTICLE 8

Etablissement de la liste par le conseil municipal

A. — *Hospitalisation*

67. § 1. C'est au conseil municipal seul que
la loi remet le pouvoir d'accorder l'hospitalisation aux assistés ayant le domicile de secours
communal. La commission cantonale excéderait ses pouvoirs en prononçant cette admission sur la réclamation formée par un vieillard,
un infirme ou un incurable qui, désirant ce
mode d'assistance, n'aurait obtenu du conseil
municipal que l'allocation mensuelle (décisions
de la commission centrale du 28 mars 1908
et du 14 novembre 1908). En cela il convient
de rectifier ce qu'avait de trop général le pas-
sage de la circulaire du 16 avril 1906, disant,
à propos de l'article 8, que toutes les décisions
du conseil municipal peuvent être l'objet de
recours contre la commission cantonale.

68. § 2. Il est manifeste qu'ainsi un vieillard ou un infirme peut recevoir une assistance
très insuffisante lorsque l'hospitalisation —
qui aurait été pour lui le salut — lui aura été
refusée. On peut considérer qu'il y a là une
lacune fâcheuse de la loi ; j'ai été saisi, de divers côtés, de vœux tendant à modifier sur ce
point le texte de la loi de 1905. Mais il appartient au Parlement de faire la loi, à nous de
l'appliquer.

69. § 3. Dans le même ordre d'idées, la
commission centrale a dû annuler une décision de la commission cantonale prononçant
l'admission à l'assistance à domicile d'une personne à qui le conseil municipal prétendait
imposer, contre son gré, l'hospitalisation (décision du 5 mars 1900). On verra plus loin,
sous l'article 19 de la loi, le moyen d'action
dont vous disposez quand un conseil municipal commet pareille erreur.

B. — *Admission ou radiation*

70. § 4. L'article 4 du décret du 3 août dé-
finit en ces termes le travail de revision qui
incombe au conseil municipal à chacune de
ses sessions ordinaires :

« Art. 4. *A chaque session ordinaire, le conseil municipal, saisi des propositions du bureau d'assistance, statue sur l'admission des personnes remplissant les conditions exigées et dont les demandes ont été formées depuis la précédente session.*

« *Le conseil municipal opère, d'autre part, la radiation des personnes qui auraient été illégalement inscrites sur la liste ou dont la situation se serait modifiée depuis leur admission.*

« *Toute décision de radiation est motivée; elle est notifiée administrativement à l'intéressé et transmise au préfet.* »

71. § 5. Si le premier paragraphe ne comporte pas d'explications particulières, sauf pour noter que ce qui est dit de l'admission doit s'entendre aussi du changement du mode de l'assistance et de l'augmentation de l'allocation mensuelle au cas où cette augmentation se justifierait, la disposition contenue dans le deuxième paragraphe doit retenir l'attention. Outre le retrait de l'assistance ou sa réduction par suite d'un changement de la situation des assistés, ce qui sera commenté sous l'article 18, le décret affirme le droit du conseil municipal, déjà reconnu par une décision de la commission centrale (8 juillet 1909), de rapporter une délibération admettant illégalement sur la liste une personne qui n'y aurait point droit. En effet, si l'article 18 vise uniquement les radiations prononcées par le conseil municipal lorsque les conditions qui ont motivé l'assistance ont cessé d'exister, il résulte des principes généraux de la législation que lorsqu'une autorité administrative a commis une irrégularité dans l'exercice de ses attributions légales, il lui appartient de faire cesser cette irrégularité dès qu'elle en a constaté l'existence. Ceci est vrai, non seulement quand il s'agit de réparer une erreur de droit, comme dans l'espèce jugée où un conseil municipal, après avoir antérieurement admis à l'assistance une jeune infirme n'ayant point seize ans, mieux éclairé sur ce point, avait rayé cette mineure de la liste. Ce serait également vrai pour la radiation de personnes qui, admises comme infirmes ou incurables, seraient reconnues n'avoir pas été ou n'être pas affectées de maladies ou d'infirmités les mettant dans l'impossibilité de subvenir par le travail aux besoins de l'existence, ou qui, admises comme vieillards, seraient reconnues n'avoir point soixante-dix ans, ou à l'égard desquelles on s'apercevrait tardivement qu'elles ne sont pas de nationalité française, ou encore celles qui auraient possédé des ressources suffisantes, et dont l'admission aurait été indûment prononcée; dans tous ces cas, en effet, ces personnes auraient été illégalement inscrites sur la liste.

72. § 6. Si donc il vous est révélé par l'action du contrôle, ou de toute autre façon, que des inscriptions ont été, à une époque quelconque, opérées contrairement aux prescriptions légales, n'hésitez pas à inviter le conseil municipal à redresser son erreur.

73. § 7. Si l'assemblée communale ne déférait pas à votre invitation, une ressource resterait pour faire rentrer les choses dans la légalité. En effet, de ce que la loi de 1905 a établi des recours spéciaux contre les délibérations des conseils municipaux en matière d'assistance aux vieillards, il ne s'ensuit pas que le pouvoir donné aux préfets par les articles 63 et 65 de la loi du 5 avril 1884 soit ici inapplicable. Il importe au contraire de maintenir, dans la matière qui nous occupe, l'autorité générale et permanente du préfet; il est le gardien de la loi et doit éviter que les conseils municipaux s'en écartent, car « toute délibération d'un conseil municipal statuant contrairement à la loi ou à un règlement d'administration publique est nulle et de nul effet. » La théorie du recours parallèle ne pourrait pas être opposée; l'éminent rapporteur du conseil d'État l'a nettement affirmé lors de la préparation du décret du 3 août 1909 et n'a point rencontré d'objection dans la haute assemblée. En présence d'un conseil municipal violant sciemment la loi, inscrivant sur les listes d'assistance des personnes qui notoirement n'y ont pas droit, il est inadmissible que le préfet soit obligé d'attendre les décisions de juridictions comme la commission cantonale et la commission centrale, pour rappeler cette assemblée communale au respect de la loi.

74. § 8. Vous devriez donc prononcer, en conseil de préfecture, la nullité d'une telle délibération et vous le pouvez quelle qu'en soit la date.

75. § 9. J'estime que de même vous pouvez et devez annuler dans les conditions prévues à l'article 66 de la loi du 5 avril 1884 les délibérations prises par un conseil municipal, en la matière, dans les cas que vise l'article 64 de cette loi.

76. § 10. Mais il reste entendu que vous n'userez de ces moyens d'action qu'avec discrétion; mieux vaut, en pareil sujet, prévenir les effets d'une illégalité suivant les procédés qu'a institués la loi de 1905 que de les faire cesser par voie d'autorité, alors que l'intéressé, dont peut-être la condition est presque misérable, peut se croire assuré de l'assistance; sa déception serait cruelle si elle n'était pas absolument méritée.

C. — *La décision de radiation doit être motivée*

77. § 11. Le troisième paragraphe de l'article 4 du décret prescrit que toute décision de radiation soit motivée ; c'est la conséquence nécessaire du droit créé par la loi au profit de l'assisté. La radiation ne pouvant être prononcée que dans le cas prévu à l'article 18, ou comme il vient d'être dit, en réparation d'une erreur de droit ou de fait commise lors de l'inscription, il faut que le conseil municipal justifie sa décision de radiation en établissant l'existence de l'un ou l'autre de ces motifs. Toute radiation non motivée serait donc contraire à la loi, et vous auriez le devoir de déclarer la nullité de la délibération d'où elle résulterait par application des articles 63 et 65 de la loi du 5 avril 1884.

ARTICLE 9

A. — **Envoi des listes au préfet. — Constitution des dossiers qui doivent les accompagner**

78. § 1. A très juste titre, le conseil d'Etat a considéré que le meilleur moyen de vous mettre à même de refréner les abus était de vous procurer les documents complémentaires de la liste des personnes admises à l'assistance, afin que vous puissiez contrôler la façon dont ces listes sont dressées. Voici le texte de l'article 5 du décret du 3 août dernier :

« Art. 5. *La liste des personnes admises à l'assistance est adressée au sous-préfet, qui la transmet dans les vingt jours au préfet.*

« *La liste doit être accompagnée, pour chaque personne admise à l'assistance, des pièces suivantes :*

« *1° Si la personne a plus de soixante-dix ans, son bulletin de naissance, et, si elle n'a pas atteint cet âge, un certificat médical établissant qu'elle est atteinte d'une infirmité ou d'une maladie incurable la mettant dans l'impossibilité de subvenir par son travail aux nécessités de l'existence ;*

« *2° Un extrait du rôle des contributions délivré par le percepteur de sa résidence ;*

« *3° Une attestation du maire indiquant les diverses ressources dont il est de notoriété publique qu'elle dispose ;*

« *4° Un état relatif aux membres de la famille tenus de la dette alimentaire et faisant connaître, pour chacun de ceux résidant dans la commune, les nom, adresse, profession, charges de famille, ressources, extrait du rôle des contributions ; pour ceux résidant en dehors de la commune, tous les renseignements ci-dessus visés que le maire aura pu recueillir ;*

« *5° Une attestation du maire indiquant, à l'égard des membres qui s'acquittent de la dette alimentaire, dans quelles conditions ils le font, et certifiant à l'égard de ceux qui ne s'en acquittent pas, soit qu'il leur est impossible de s'en acquitter, soit qu'ils aient été mis en demeure de le faire et qu'ils s'y sont refusés. »*

79. § 2. Je ne puis imaginer que l'exécution de cette prescription impérative rencontre des difficultés. Les maires doivent tenir à honneur de prouver que les affirmations certifiées par leur signature ne sont pas légèrement avancées, mais reposent sur des réalités. Au surplus, dans maints départements, la pratique résultant d'instructions préfectorales a devancé l'œuvre du gouvernement. Le magistrat municipal qui, inconscient de son devoir, voudrait se dérober à l'obligation dictée par l'article 5 s'exposerait aux sanctions ordinaires (art. 86 de la loi du 5 avril 1884) ; vous pourriez aussi, pour triompher de sa résistance ou de sa négligence, recourir au moyen offert par l'article 85 de cette loi. De toute façon, vous vous abstiendriez de donner effet à des délibérations prononçant l'admission à l'assistance de personnes dont les dossiers ne vous auraient pas été régulièrement transmis, et, pour plus de sécurité, vous saisiriez la commission cantonale d'une réclamation qui produirait un effet suspensif.

80. § 3. Vous remarquerez que, sauf pour les vieillards de soixante-dix ans, le dossier doit contenir un certificat médical établissant que la personne admise à l'assistance est atteinte d'une infirmité ou d'une maladie incurable la mettant dans l'impossibilité de subvenir par son travail aux nécessités de l'existence. J'ai dit, sous l'article 1er, comment il convenait que ce certificat fût délivré. L'intervention du médecin étant rendue obligatoire, il y a lieu d'appliquer la disposition de l'article 26 de la loi portant : « Les frais de visite occasionnés par la délivrance de certificats médicaux aux infirmes et aux incurables sont supportés par la commune, le département ou par l'Etat, suivant que les assistés ont le domicile de secours communal ou départemental, ou qu'ils sont dépourvus de domicile de secours ; si les assistés n'ont pas leur domicile de secours dans la commune où ils résident, celle-ci fait l'avance de ces frais, sauf remboursement par la commune ou le département à qui incombe l'assistance, ou par l'Etat ».

81. § 4. Les dépenses résultant de la délivrance des certificats médicaux incombent par là même au service ; la conséquence est qu'il vous appartient de désigner les praticiens qualifiés pour attester l'état physique des impétrants. Avant de les investir de cette qualité, vous vous assurerez qu'ils sont dans une situation assez indépendante pour que leur dire soit accepté sans hésitation. Ils devront rappeler sur le certificat le mandat dont votre confiance les aura investis.

82. § 5. C'est au conseil général que reste confié le soin de fixer le tarif des honoraires auxquels les médecins du service auront droit ; ce tarif distinguera suivant que le praticien visitera le postulant dans son cabinet, ou qu'il aura dû se rendre au domicile du postulant, ce qui ne sera pas le plus souvent nécessaire.

B. — Qualité pour réclamer

83. § 6. Une personne qui n'est ni habitant, ni contribuable dans la commune du domicile de secours ne saurait être reçue à réclamer contre le refus d'inscription opposé à l'auteur d'une demande, cette personne fût-elle tenue de la dette alimentaire vis-à-vis du postulant (décision de la commission centrale, 29 novembre 1908).

84. § 7. N'a point qualité pour réclamer le maire de la commune de la résidence, si cette résidence est distincte du domicile de secours (décision de la commission centrale, 18 février 1909).

85. § 8. Le bureau d'assistance prépare les listes et toute demande d'assistance doit lui être soumise avant d'être examinée par l'autorité chargée de statuer ; mais il ne figure pas au nombre des intéressés qui, d'après le dernier paragraphe de notre article, sont admis à réclamer devant la commission cantonale contre une inscription sur la liste. La réclamation que formerait un bureau d'assistance ou de bienfaisance serait donc irrecevable (1). Ainsi en a décidé la commission centrale par une décision rendue le 23 juillet dernier. Il va de soi que si vous étiez saisi d'une telle réclamation, vous devriez en tenir le plus grand compte et faire examiner avec un soin tout particulier la décision sur laquelle elle porte, en vue d'un recours éventuel dont vous prendriez l'initiative.

C. — Préfet ou sous-préfet compétent pour réclamer

86. § 9. La loi, en parlant du préfet ou du sous-préfet, vise celui de la collectivité du domicile de secours ; est irrecevable le recours formé par le préfet ou le sous-préfet du lieu de la résidence, s'il n'est pas celui du domicile

---

(1) Exception est faite pour Paris (règlement d'administration publique du 30 mars 1907, art. 4, § 3). (Voir Cameau : Commentaire du décret du 30 mars 1907.)

de secours (décision de la commission centrale, 1ᵉʳ avril 1909).

D. — Délai imparti au préfet et au sous-préfet pour réclamer

87. § 10. L'article 6 du décret du 3 août, précisant le droit de recours du préfet et du sous-préfet de façon à lui donner un effet utile, s'exprime ainsi :

« *Art. 6. Le délai ouvert au préfet et au sous-préfet pour réclamer devant la commission cantonale court du jour où la liste ou la décision de radiation est parvenue à la préfecture pour ce qui concerne le préfet, et à la sous-préfecture pour ce qui concerne le sous-préfet.* »

88. § 11. Comme l'article 4 du décret ne vise que la transmission au préfet, il ressort de la disposition rapportée ci-dessus que, suivant la règle hiérarchique, la transmission doit s'opérer par l'intermédiaire du sous-préfet. Celui-ci ne devra pas négliger d'envoyer la décision à la préfecture dès qu'il en aura pris connaissance afin de ne point laisser trop longtemps suspendue la situation des intéressés, il indiquera en même temps s'il a déféré la décision d'admission, de radiation ou de réduction à la commission cantonale. Dans le cas contraire, il émettra son avis sur le bien ou le mal fondé de la mesure.

E. — Récépissé obligatoire

89. § 12. Sous l'article 7 de la loi on a vu qu'aux termes de l'article 3 du décret du 3 août 1909, le maire est tenu de donner récépissé des réclamations destinées à la commission cantonale. Au sujet des sanctions de cette prescription, je ne pourrais que reproduire ce qui est dit plus haut pour le récépissé des demandes d'assistance.

ARTICLE 10

Recours contre le taux d'allocation

90. Tout ce qui est expliqué, sous l'article 4 du décret, des pouvoirs du conseil municipal touchant l'admission ou la radiation, doit s'entendre d'un relèvement ou d'une réduction du taux de l'allocation mensuelle, lesquels sont, au demeurant, une inscription ou une radiation partielle ; le conseil municipal peut donc revenir sur le chiffre de cette allocation primitivement fixé, s'il vérifie que les réductions ont été opérées ou omises contrairement à la loi. Toute décision portant réduction doit être motivée. De même, le délai imparti au préfet et au sous-préfet pour réclamer contre les réductions se calculera comme en matière de radiations.

ARTICLE 11

A. — Composition de la commission cantonale

91. § 1. Le règlement d'administration publique détermine dans ses articles 7 et 8 le mode de désignation du délégué des bureaux d'assistance et du délégué des sociétés de secours mutuels. Il ne diffère guère du procédé que mon administration avait recommandé aux conseils généraux par la circulaire du 16 avril 1906, devenue toutefois sans objet sur ce point, et qui avait été admis par presque tous les règlements d'organisation départementale en attendant la décision du gouvernement; mais il le simplifie et le décentralise.

92. § 2. Ces articles disposent ainsi :

« *Art. 7. Le délégué des bureaux d'assistance du canton, appelé à faire partie de la commission cantonale instituée par l'article 11 de la loi du 14 juillet 1905, est nommé ainsi qu'il suit :*

« *Les commissions administratives des bureaux d'assistance sont convoquées par le sous-préfet pour désigner leur représentant.*

« *Les délibérations de chaque commission sont transmises immédiatement à la sous-préfecture par les soins du président.*

« *Le sous-préfet procède au dépouillement, assisté d'un conseiller général et d'un conseiller d'arrondissement désignés par le préfet. Dans le cas où aucun candidat n'a obtenu la majorité absolue, il est procédé, quinze jours après, à un second tour de scrutin. Cette fois, l'élection a lieu à la majorité relative. En cas d'égalité des suffrages, le plus âgé est proclamé élu. La durée du mandat est fixée à quatre ans à dater de l'arrêté du sous-préfet convoquant le bureau d'assistance. Le délégué est indéfiniment rééligible.*

« *Art. 8. Le délégué des sociétés de secours mutuels existant dans le canton, appelé à faire partie de la commission cantonale, est nommé par les conseils d'administration desdites sociétés, conformément aux règles prescrites par le décret du 2 mai 1899.*

« *Dans les villes divisées en plusieurs cantons, les conseils d'administration désignent un délégué pour chaque commission cantonale.* »

93. § 3. Vous n'aurez à faire exécuter ces dispositions de façon générale qu'à l'expiration de la période pour laquelle les premiers délégués ont été nommés; mais vous en assureriez l'application dès à présent, là où il existerait ou se produirait une vacance par suite de décès, de démission, etc....

94. § 4. La question s'est posée de savoir si le juge de paix suppléant pouvait remplacer le titulaire, à défaut de celui-ci, dans la commission cantonale. La commission centrale a résolu cette question par l'affirmative (décision du 24 juin 1909), en considérant qu'aux termes de la loi du 29 ventôse an IX, les suppléants de juge de paix remplacent les titulaires lorsque ceux-ci sont décédés, absents ou empêchés, dans toutes leurs attributions. Mais il sera bon de mentionner dans la décision le motif du remplacement.

B. — Présidence

95. § 5. Le vœu de la loi est que le sous-préfet préside la commission cantonale ; or, je lis dans le rapport de l'inspection générale : « Les sous-préfets ne président généralement que les commissions cantonales du chef-lieu d'arrondissement. C'est là un fait regrettable ; car il est vraisemblable que la présence du sous-préfet assurerait d'abord plus de régularité aux réunions des commissions et donnerait une garantie plus grande pour la défense des intérêts des collectivités qui contribuent au paiement des dépenses ». C'est tout à fait mon avis, et je verrais avec déplaisir que MM. les sous-préfets continuassent à se décharger de cette attribution légale sur les juges de paix. Ils doivent donner l'exemple de l'assiduité, et cette assiduité devient indispensable alors que la présence de quatre membres est nécessaire à la validité des décisions de la commission cantonale. D'ailleurs la présidence de ces commissions aura l'avantage de mettre le sous-préfet en relations plus fréquentes avec les populations ; il profitera de sa présence au chef-lieu de canton pour étudier sur place maintes autres questions.

C. — Quorum et majorité

96. § 6. La commission centrale, faisant application d'un principe général de droit administratif, avait déjà décidé que la présence de la majorité des membres était nécessaire pour qu'une commission cantonale pût statuer (décision du 24 juin 1909). L'article 9 du décret du 3 août confirme cette jurisprudence dans les termes suivants :

« *Art. 9. La commission cantonale ne peut siéger valablement qu'autant que quatre de ses membres assistent à la séance. Les décisions ne peuvent être rendues qu'à la majorité des membres présents.* »

97. § 7. Le chiffre de quatre membres étant expressément spécifié, il n'y a pas à distinguer suivant que dans la commission figure ou non un délégué de la mutualité, ou suivant qu'il y a ou non des sièges vacants. Mais il ne vous échappera pas qu'il importe, le cas échéant, de combler au plus tôt les vacances et aussi de ne désigner pour délégué de l'administration qu'un citoyen à qui sa situation permette d'être assidu, et qui soit résolu à l'être ; en cas d'absences réitérées, et non pleinement justifiées, vous devriez le remplacer.

98. § 8. C'est là aussi un motif de plus pour que le président ait, comme le disait la circulaire du 14 juillet 1908, le devoir de choisir pour les convocations un jour et une heure où tous les membres puissent se rendre libres sans préjudicier à leurs propres intérêts.

99. § 9. Il suffit, d'ailleurs, de la présence de quatre membres, et on serait mal fondé à contester la validité d'une décision de commission cantonale où quatre membres auraient siégé pour le motif que le délégué des bureaux de bienfaisance ou le délégué des sociétés de secours mutuels n'aurait pas assisté à la séance.

100. § 10. Je note que, suivant la jurisprudence de la commission centrale (décision du 4 mars 1909), le fait qu'un membre de la commission cantonale serait membre du conseil municipal dont la délibération est attaquée, et y aurait participé, ne l'empêcherait pas de concourir à rendre la décision requise.

101. § 11. Les décisions, dit notre article, ne peuvent être rendues qu'à la majorité des membres présents. On doit en conclure que s'il se produit un partage de voix, il n'y a pas de décision et alors on se trouve dans le cas prévu par l'article 12 de la loi : « A défaut par la commission cantonale de remplir les obligations qui lui sont imposées par la présente loi, il est statué, dans le délai de deux mois, par la commission centrale ». Vous auriez donc à me transmettre le dossier de l'affaire pour que je le soumette à la commission centrale, avec le procès-verbal et un rapport du sous-préfet président exposant les motifs donnés de part et d'autre à l'appui des opinions qui se seront partagé les suffrages.

102. § 12. Mais il ne vous échappera pas combien il est nécessaire de faire effort pour que de tels cas ne se multiplient pas ; sinon la tâche de la commission centrale, déjà si lourde, se trouverait aggravée de façon inquiétante.

Il ne vous échappera pas non plus que les indications de la circulaire du 16 avril 1906, relatives au quorum et au cas de partage des voix, sont désormais insuffisantes.

D. — Délai imparti à la commission cantonale

103. § 13. Le délai d'un mois imparti à la commission cantonale pour statuer ne court que du jour où elle est saisie de la réclama-tion ; le dessaisissement de cette commission implique de sa part un refus ou une négligence, et on ne peut lui impliquer ni refus ni négligence tant qu'elle n'a pas été saisie. Si donc, pour quelque cause que ce soit, une autorité qualifiée pour recevoir la réclamation ne la faisait pas parvenir à la commission, l'acte de cette autorité pourrait bien donner lieu soit à un recours pour excès de pouvoir, soit au redressement par voie hiérarchique, mais la commission cantonale n'en restait pas moins la juridiction seule compétente pour juger sur la réclamation, et c'est à tort qu'on s'adresserait à la commission centrale ; elle rejetterait la requête comme non recevable (décision de la commission centrale, 24 juin 1909).

104. § 14. On ne peut pas dire que la commission cantonale dépasse le délai d'un mois, si, avant l'expiration de ce mois, elle prononce une décision de sursis, soit pour renvoyer les parties à se pourvoir devant le conseil de préfecture afin de faire trancher une question préjudicielle portant sur le domicile de secours (décision de la commission centrale, 5 mars 1909), ce que prévoit expressément l'article 16 du décret du 3 août (voir sous l'article 34 de la loi), soit pour faire procéder à une instruction complémentaire (décision de la commission centrale, 4 février 1909).

E. — Convocation des parties

105. § 15. Il convient que les parties intéressées puissent être entendues dans leurs observations pour que la justice de la commission cantonale soit pleinement éclairée. L'article 11 de la loi spécifie qu'il est statué sur les réclamations, le maire et le réclamant entendus ou dûment appelés. L'article 10 du décret précise ; cette nécessité de convoquer est étendue expressément aux recours visés par l'article 18, et aux demandeurs et défendeurs quels qu'ils soient. Cet article porte :

« Art. 10. *Lorsque la commission cantonale est saisie de l'une des réclamations visées aux articles 9, 10 et 18 de la loi du 14 juillet 1905, le président doit la notifier administrativement au défendeur et le convoquer dans la même forme, ainsi que le demandeur, en les avisant qu'ils seront admis à présenter leurs observations.* »

106. § 16. Une préfecture a cru rencontrer quelques difficultés de ce chef ; elle se demandait à qui incomberait le travail des notifications ; elle avait sans doute perdu de vue que le sous-préfet est le président de la commission, qu'en cette qualité c'est à lui qu'il appartient de notifier aux parties et de leur donner les avis prescrits, qu'il dispose d'un personnel, et qu'en conséquence rien ne lui est plus facile que de satisfaire à cette obligation.

107. § 17. Aucun délai n'est fixé pour procéder aux notifications. La commission centrale en a conclu que le fait d'avoir été prévenu la veille de l'audience n'autorisait pas un maire à demander l'infirmation de la décision rendue par la commission cantonale (décision du 4 mars 1909). Mais il est de bonne administration que les parties soient prévenues quelques jours à l'avance, afin de pouvoir prendre leurs dispositions et réunir les éléments d'information dont elles comptent faire état devant la commission cantonale. Les prendre de trop court, ce serait presque toujours rendre inefficaces les dispositions de la loi et du règlement d'administration publique, donc violer, sinon le texte, du moins l'esprit de la législation.

F. — Notification et publication des décisions

108. § 18. L'article 11 du décret, après avoir rappelé que les commissions cantonales doivent motiver leurs décisions, comme le prescrit déjà l'article 11 de la loi, indique comment elles doivent être notifiées, et organise un mode de publicité qui permet aux parties intéressées de se pourvoir contre les décisions qui leur feraient grief. Voici les termes de cet article :

« Art. 11. *Les décisions rendues par la commission cantonale sont motivées.*

« Elles sont intégralement notifiées par les soins du président et, par la voie administrative, aux parties en cause et au préfet.

« De plus, elles sont inscrites sur un registre conservé dans les archives de la mairie du chef-lieu de canton et dont communication est due à tout habitant ou contribuable de la commune. Un avis contenant mention de l'inscription de la décision sur le registre est publié à la porte de la mairie.

« Le délai de vingt jours fixé par l'article 11 de la loi pour déférer la décision au ministre de l'intérieur, court, au profit des parties en cause et du préfet, à partir de la notification de la décision et, au profit de tous autres intéressés, à partir de la publication de l'avis susénoncé. »

109. § 19. Vous remarquerez que le second paragraphe commande de notifier intégralement les décisions. On ne pourrait donc plus admettre, comme l'a fait précédemment la commission centrale, qu'un simple avis indiquant le sens de la décision suffit à faire courir contre le maire le délai du recours (décision du 5 mars 1909). Cette solution était basée sur les termes du paragraphe 3 de l'article 11 de la loi : « Le président de la commission donne, dans les huit jours, avis des décisions rendues au préfet et au maire » ; elle

ne se concevrait plus en présence de la précision apportée par le décret.

110. § 20. Le président de la commission, c'est-à-dire le sous-préfet, assurera l'exécution des écritures qui sont la conséquence de cette disposition. Un des membres de la commission, dont la désignation reviendra à celle-ci, ne refusera sans doute pas de s'en charger, comme secrétaire ; un tel refus ne s'expliquerait point, en tout cas, de la part de votre délégué, car vous pouvez subordonner votre choix à l'acceptation de cette mission, toute de confiance ; vous lui ferez observer qu'une participation plus active aux travaux de la commission cantonale ne manquera pas d'accroître son influence au sein de cette assemblée. A défaut de tout autre élément, le sous-préfet resterait chargé de la besogne qui doit nécessairement être accomplie.

111. § 21. Je vous signale en passant que, suivant la jurisprudence de la commission centrale, quand une commission cantonale a rendu une décision non motivée et qu'est expiré le délai d'un mois pendant lequel il lui fallait statuer, la commission centrale, saisie d'une réclamation, peut juger au fond (décision de la commission centrale, 4 février 1909). Si le cas se présentait, vous devriez donc m'adresser une réclamation avec le dossier, de manière à faire tomber la décision que le défaut de motifs rendrait illégale, et à procurer une solution à l'affaire.

112. § 22. Le troisième paragraphe de l'article 11 du décret prescrit d'inscrire les décisions motivées sur un registre qui sera conservé dans les archives de la mairie du chef-lieu de canton. L'acquisition de ce registre sera comprise dans les frais d'administration départementale du service (art. 28, 3°, de la loi). Quant à la transcription, elle sera assurée, sous la responsabilité du président, par le membre de la commission chargé du secrétariat.

113. § 23. La communication aux habitants et contribuables de la commune du domicile de secours sera donnée par le maire du chef-lieu de canton, puisque le registre est dans ses archives ; il appartient à ce magistrat municipal de régler les jours et heures où les ayants droit pourront prendre connaissance des décisions et les justifications à fournir pour établir leur qualité. C'est aussi le maire de la commune chef-lieu de canton qui publiera à la porte de la mairie une mention de l'inscription de la décision sur le registre.

G. — La commission cantonale ne peut revenir sur une décision prise antérieurement

114. § 24. La commission cantonale étant

une juridiction ne peut, après avoir statué sur une réclamation, revenir sur sa décision, alors même qu'elle croirait avoir commis une erreur; elle aurait, en effet, épuisé son pouvoir en rendant son premier jugement; sa seconde décision serait nulle; vous me la transmettriez pour que j'en fasse déclarer la nullité par la commission centrale (décision de la commission centrale, 28 mai 1909). Inutile d'ajouter, après cela, que MM. les sous-préfets devront se garder de proposer aux commissions cantonales de rectifier une décision qu'ils estimeraient erronée.

H. — Limite de la compétence de la commission cantonale

115. § 25. Il a été rappelé, sous l'article 8 de la loi, que la commission cantonale est incompétente pour ordonner l'hospitalisation d'un assisté à qui le conseil municipal a accordé l'allocation mensuelle et *vice versa*. La commission centrale a jugé aussi que la commission cantonale n'est pas compétente pour décider qu'un assisté recevrait l'allocation mensuelle seulement une partie de l'année, les mois d'hiver par exemple, ou que le montant de l'allocation lui serait fourni en nature. En effet, d'une part, cette conversion ne peut être décidée que par le bureau de bienfaisance (art. 21 de la loi), et la loi ne prévoit pas, d'autre part, une allocation temporaire. (décision de la commission centrale, 14 novembre 1908).

116. § 26. Il avait paru au début que, même pour l'assistance à domicile, la commission cantonale devait se borner au fait de l'admission, laissant à une décision ultérieure du conseil municipal le soin de statuer sur la quotité de l'allocation. C'est ce que disait la circulaire du 16 avril 1906. Celle du 14 juillet 1908 a déjà rectifié ce point. La commission cantonale peut opérer des déductions, et si elle n'en opère pas, on doit considérer qu'elle accorde le taux plein. Il n'y a donc point place pour une décision complémentaire du conseil municipal. Je reviens sur cette question parce que, malgré la précision des instructions du 14 juillet 1908, la commission centrale a constaté qu'une certaine confusion subsistait de divers côtés.

117. § 27. La commission cantonale ne peut prononcer que sur un recours dirigé contre une décision du conseil municipal prise à la requête d'une personne ayant qualité pour agir. Lors donc qu'un bureau de bienfaisance a proposé la radiation d'un assisté, si le conseil municipal a laissé cette proposition sans suite, un contribuable ne saurait en référer à la commission cantonale, puisque le bureau de bienfaisance n'est pas au nombre des « in-téressés », suivant le sens des articles 9 et 11 de la loi (décision de la commission centrale, 24 juin 1909).

I. — Recours devant la commission centrale

118. § 28. Si un recours est ouvert au préfet contre les décisions des commissions cantonales, il faut entendre le préfet du domicile de secours. Est irrecevable le recours du préfet du lieu de résidence, si cette résidence n'est point dans le département de la commune où l'assisté ou le postulant a son domicile de secours (décisions de la commission centrale, 5 novembre 1908 et 1er avril 1909).

119. § 29. Suivant la règle ordinaire, les membres de la commission cantonale ne peuvent se pourvoir devant la commission centrale contre une décision à laquelle ils ont participé. C'est ce qu'a jugé la commission centrale à propos de la requête d'un juge de paix (décision du 1er avril 1909), et d'un maire qui avait siégé en qualité de conseiller général (décision du 6 mai 1909).

120. § 30. Toutefois, il en est différemment du sous-préfet; il résulte, en effet, des dispositions combinées des articles 9 et 11 de la loi du 14 juillet 1905, qu'il appartient aux sous-préfets, particulièrement désignés pour assurer et contrôler l'application de la loi, d'exercer dans tous les cas, au nom de l'intérêt social, les recours prévus tant devant les commissions cantonales de leur arrondissement que devant la commission centrale elle-même; le sous-préfet tient donc des pouvoirs généraux et exceptionnels à lui confiés par le législateur en la matière, le droit de déférer à la commission centrale une décision de commission cantonale même rendue sous sa présidence (décision de la commission centrale, 6 mai 1909).

J. — Délai du recours devant la commission centrale

121. § 31. Le décret du 3 août précise que le délai de vingt jours imparti pour me déférer la décision de la commission cantonale court au profit des parties en cause et du préfet à compter de la notification de la décision et au profit de tous autres intéressés, à compter de la publication de l'avis prévu par le décret (art. 11, § 3) à la porte de la mairie du chef-lieu de canton.

Aux termes de l'article 11 de la loi, les décisions de la commission cantonale ne peuvent être déférées au ministère de l'intérieur que dans le délai de vingt jours. La commission centrale a dû écarter, en conséquence, comme tardifs, des pourvois formés par certains préfets et parvenus à mon administration plus de vingt jours après la notification, bien que ces pourvois eussent été, dans ce délai, communiqués aux parties intéressées. Si donc, formant un recours, vous croyez devoir l'instruire avant de m'envoyer les pièces, saisissez-moi, dans les vingt jours, d'un mémoire sommaire afin d'éviter la déchéance ; puis, vous m'adresserez le dossier, prenant bien soin de rappeler votre précédente communication.

K. — Limitation du droit de recours du conseil municipal

122. § 32. Le conseil municipal ne saurait recourir contre sa propre décision. Si donc, après avoir accordé une allocation mensuelle sous certaines déductions, et l'impétrant ayant obtenu davantage de la commission cantonale, l'instruction devant cette commission, voire même les propres aveux du postulant, révélaient l'insuffisance des déductions opérées par le conseil municipal, celui-ci ne serait pas recevable à demander que la commission centrale réduise l'allocation à un taux moindre que le chiffre déterminé par l'assemblée communale ; le conseil municipal n'a en pareille occurrence d'autre ressource que de prononcer lui-même, lors de sa prochaine revision, la réduction reconnue équitable (décision de la commission centrale, 5 mars 1909).

L. — Transmission et composition du dossier de recours

123. § 33. Il est essentiel que chaque recours formé, soit par MM. les sous-préfets, soit par vous, fasse l'objet d'un dossier absolument distinct. Plusieurs fois la commission centrale s'est plainte de ce qu'on lui soumettait des recours collectifs ; c'est en effet une cause de confusion ; c'est aussi une cause de retard pour la solution de certains cas qui, pris isolément, comporteraient un jugement rapide, mais qui se trouvent arrêtés par la nécessité de compléter l'instruction pour d'autres cas présentés simultanément. Chaque dossier, en outre, doit faire de votre part l'objet d'un rapport et d'un avis distinct ; c'est d'abord une mesure d'ordre utile ; puis la distribution des dossiers entre les rapporteurs sera rendue plus aisée. Veuillez donc donner des ordres très précis sur ce point à vos services.

124. § 34. Chaque dossier doit contenir une copie intégrale de la décision attaquée et, aussi, les pièces suivantes :
Demande initiale du postulant ou demande établie pour lui par le maire (art. 2 du décret du 3 août 1909) ;

Extrait de naissance du postulant ou pièce en tenant lieu ;
S'il s'agit d'un postulant âgé de moins de soixante-dix ans, certificat médical émanant d'un médecin accrédité auprès de l'administration et indiquant le degré d'incapacité de travail et ses causes précises (circulaire du 10 août 1907) ;
Extrait du rôle des contributions délivré par le percepteur de la résidence (art. 5 du décret du 3 août 1909) ;
Attestation du maire indiquant les diverses ressources dont il est de notoriété publique que le postulant dispose (idem) ;
Délibération de la commission administrative du bureau d'assistance ;
Délibération du conseil municipal relative à l'admission ou à la radiation et, le cas échéant (art. 2 du décret du 3 août 1909), sur l'hospitalisation (ou délibération de la commission départementale ou du conseil général) ;
Procès-verbal de notification de la décision motivée du conseil municipal en cas de radiation (art. 4 du décret du 3 août 1909) ;
Procès-verbal de notification de la décision de la commission cantonale ; ou procès-verbal de notification de la décision de la commission départementale ou du conseil général soumise à la commission centrale ;
Etat certifié par le maire de la résidence du postulant relatif aux membres de la famille tenus de la dette alimentaire, et faisant connaître, pour chacun de ceux résidant dans la commune, les nom, adresse, profession, charges de famille, ressources, extrait du rôle de contributions ; pour ceux résidant en dehors de la commune, tous les renseignements ci-dessus visés que le maire aura pu recueillir (art. 5 du décret du 3 août 1909) ;
Attestation du maire de la résidence du postulant indiquant, à l'égard des membres qui s'acquittent de la dette alimentaire, dans quelles conditions ils le font et certifiant, à l'égard de ceux qui ne s'en acquittent pas, soit qu'il leur est impossible de s'en acquitter, soit qu'ils ont été mis en demeure de le faire et qu'ils s'y sont refusés.

ARTICLE 12
Établissement de la liste par la commission cantonale

125. § 1. L'article 12 de la loi de 1905 dispose que dans le cas où le conseil municipal refuse ou néglige de prendre la délibération prescrite par l'article 8, la liste est, sur l'initiative du préfet, arrêtée d'office, dans le délai d'un mois, par la commission cantonale.

126. § 2. L'action de la commission cantonale ne peut, en la circonstance visée, s'exercer que sur l'initiative du préfet. Les habitants et contribuables ne sauraient la provoquer directement, ni par suite réclamer devant la commission centrale contre le silence que garderait la commission cantonale saisie par eux d'une requête à cette fin. Le délai d'un mois fût-il expiré, la commission centrale ne serait pas compétente pour dresser la liste au lieu et place du conseil municipal et de la commission cantonale. C'est à vous qu'on doit s'adresser pour faire inviter la commission cantonale à dresser la liste, et, si vous vous absteniez, un recours devant le conseil d'Etat serait sans doute ouvert au réclamant, comme toutes les fois que l'autorité préfectorale refuse de faire un acte de ses fonctions (décision de la commission centrale, 28 janvier 1909).

127. § 3. Les admissions et les refus d'admission prononcés par la commission cantonale agissant administrativement, donnent ouverture devant elle, statuant juridictionnellement, aux mêmes recours que les décisions du conseil municipal. Il fallait donc que ces admissions et refus d'admission reçussent une publicité analogue. C'est ce que règle l'article 12 du décret du 3 août; il est ainsi conçu:

« Art. 12. *Lorsqu'en exécution de l'article 12 de la loi du 14 juillet 1905, la commission cantonale, agissant au défaut du conseil municipal, arrête d'office la liste des bénéficiaires de ladite loi, les décisions qu'elle prend à cet effet sont l'objet des mêmes publications et peuvent donner lieu aux mêmes recours que les décisions du conseil municipal défaillant.* »

128. § 4. Le sous-préfet, président de la commission, veillera à ce que les publications soient faites; il vous transmettra une copie de la liste avec les dossiers constitués en conformité de l'article 5 du décret (voir sous l'article 9 de la loi); il adressera une autre copie de la première partie de la liste au maire de la commune, et donnera à ce magistrat municipal des instructions formelles pour qu'elle soit déposée à la mairie et qu'avis en soit donné par affiches aux lieux accoutumés. En cas de négligence ou de refus du maire, il serait procédé à ces dernières mesures par votre délégué spécial, suivant l'article 85 de la loi du 5 avril 1884.

ARTICLE 13

Transmission au ministre des demandes d'admission

129. § 1. L'article 13 de la loi vous prescrit de transmettre au ministre de l'intérieur les demandes des personnes dépourvues de domicile de secours. Mais afin d'éviter les correspondances et les retards inutiles, je vous recommande de ne m'adresser ces demandes qu'après constitution et examen des dossiers, en sorte que mon administration reçoive seulement les demandes de postulants qui n'auraient pas à votre connaissance un domicile de secours communal ou départemental (voir explications sous l'article 3 de la loi).

130. § 2. Lorsque précédemment la demande aura été l'objet d'une communication de ma part, vous ne manquerez pas de rappeler le numéro d'ordre inscrit en marge de ma lettre et la date de cette lettre.

131. § 3. Toute demande sera l'objet d'un envoi distinct; les envois collectifs sont une source de confusion et de lenteurs.

132. § 4. Les dossiers devront contenir les pièces ci-après, et, en outre, toutes celles qui vous paraîtront de nature à éclairer l'appréciation de la commission centrale et la mienne:

Demande initiale du postulant ou demande établie pour lui par le maire (art. 2 du décret du 3 août 1909), et pièces produites à l'appui;

Extrait de naissance du postulant ou pièce en tenant lieu;

S'il s'agit d'un postulant âgé de moins de soixante-dix ans, certificat médical émanant d'un médecin accrédité auprès de l'administration et indiquant le degré d'incapacité de travail et ses causes précises (circulaire du 10 août 1907);

Extrait du rôle des contributions délivré par le percepteur de la résidence (art. 5 du décret du 3 août 1909);

Attestation du maire indiquant les diverses ressources dont il est de notoriété publique qu'il dispose (art. 5 du décret du 3 août 1909);

Extrait de la seconde partie de la liste d'assistance;

Enquête du bureau d'assistance indiquant notamment les diverses résidences de l'intéressé depuis le 1er janvier 1902;

Etat certifié par le maire de la résidence du postulant, relatif aux membres de la famille tenus de la dette alimentaire et faisant connaître, pour chacun de ceux résidant dans la commune, les nom, adresse, profession, charges de famille, ressources, extrait du rôle des contributions; pour ceux résidant en dehors de la commune, tous les renseignements ci-dessus visés que le maire aura pu recueillir (art. 5 du décret du 3 août 1909);

Attestation du maire de la résidence du postulant indiquant, à l'égard des membres qui s'acquittent de la dette alimentaire, dans quelles conditions ils le font, et certifiant, à l'égard de ceux qui ne s'en acquittent pas, soit qu'il leur est impossible de s'en acquitter, soit qu'ils ont été mis en demeure de le faire et qu'ils s'y sont refusés ;

Taux de l'allocation mensuelle de la commune de la résidence ;

Avis motivé du préfet, en forme d'arrêté.

Vous veillerez à ce que ces pièces soient accompagnées d'un bordereau énonciatif.

ARTICLES 14 et 15

Décisions concernant les personnes ayant un domicile de secours départemental

133. § 1. Le décret précise, dans son article 13, les mesures à prendre pour permettre aux intéressés d'exercer un recours contre les décisions arrêtées au sujet des demandes formées par des personnes ayant le domicile de secours départemental.

Cet article 13 s'exprime ainsi :

« *Art. 13. Les décisions prises par la commission départementale, en vertu de l'article 14 de la loi du 14 juillet 1905, sont notifiées par le préfet aux intéressés et au maire de la commune de leur résidence, qui doit procéder aux mesures de publicité prévues à l'article 9 de ladite loi.*

« *Le conseil général, saisi d'une réclamation contre la décision de la commission départementale, statue, sur le rapport du préfet, à sa plus prochaine session ; sa décision est notifiée par le préfet aux intéressés et aux maires, conformément aux prescriptions du premier paragraphe du présent article.* »

134. § 2. Les mesures de publicité prévues par l'article 9 de la loi à laquelle se réfère le premier paragraphe sont, vous le savez, le dépôt à la mairie de l'affichage de l'avis de ce dépôt.

135. § 3. Les maires dont parle le second paragraphe comme devant recevoir notification de la décision du conseil général ne peuvent être que ceux de la résidence.

136. § 4. L'article 14 du décret ajoute :

« *Les recours portant sur la quotité de l'allocation mensuelle attribuée au bénéficiaire, formés en vertu de l'article 15 de la loi du 14 juillet 1905, contre les décisions de la commission départementale ou du conseil général, sont présentés dans les mêmes formes et soumis au même délai que les recours relatifs à l'admission ou à la radiation.* »

137. § 5. L'assemblée départementale peut prononcer des radiations, soit que des circonstances soient survenues qui rendent l'assistance inutile, soit que cette assemblée, reconnaissant avoir commis une erreur (voir sous l'article 8 de la loi), veuille réparer cette erreur.

L'article 15 du décret, dont le texte suit, est applicable à ces divers cas.

« *Art. 15. Les décisions de la commission départementale prononçant la radiation des listes d'assistance doivent être motivées ; elles sont notifiées administrativement aux intéressés et transmises au préfet qui en provoque, s'il y a lieu, l'annulation, par application de l'article 88 de la loi du 10 août 1871.* »

138. § 6. Cet article 88, vous le savez, ouvre deux voies de recours : ou bien l'appel devant le conseil général pour cause de fausse appréciation des faits, ou bien un pourvoi devant le conseil d'État statuant au contentieux pour cause d'excès de pouvoirs ou de violation de la loi ou d'un règlement d'administration publique.

139. § 7. Bien que le décret du 3 août parle uniquement de recours du préfet, j'estime que les intéressés, c'est-à-dire les personnes dont la radiation a été prononcée, ont le droit d'exercer les mêmes recours ; autrement la nécessité de la notification s'expliquerait mal, et, d'ailleurs, il serait contraire à l'esprit de la loi tout entière que l'assisté, objet d'une radiation, se trouvât désarmé et ne pût recourir devant aucun juge. Or, il n'en aurait aucun, puisque le recours à la commission centrale n'est pas ici prévu.

140. § 8. A supposer que le conseil général, saisi d'un appel, vous paraisse avoir excédé ses pouvoirs ou violé une disposition de la loi ou d'un règlement d'administration publique, vous formeriez un recours dans les délais et les formes tracés par l'article 47 de la loi du 10 août 1871.

ARTICLE 16

Admission des personnes sans domicile de secours

141. § 1. Il n'appartient qu'au ministre de l'intérieur, décidant après avis de la commission centrale, de statuer sur les demandes de personnes dépourvues de domicile de secours. Un conseil de préfecture, appelé à trancher une contestation portant sur le domicile de secours, excéderait ses pouvoirs si, appréciant que le malheureux, objet du litige, est sans domicile de secours, il mettait les frais de son assistance à la charge de l'État (décision du conseil d'État du 22 janvier 1909).

142. § 2. Il s'est rencontré des cas où le préfet a cru pouvoir admettre à l'assistance des personnes sans domicile de secours, escomptant, à raison de l'urgence, la décision ministérielle. Une disposition de l'article 25 de la loi semble, en quelque sorte, autoriser cette mesure. Toutefois je vous recommande de ne procéder ainsi qu'avec une extrême circonspection, car il est incontestable que seule la décision du ministre engage l'Etat, et une admission prononcée par vous, non confirmée ensuite, causerait une difficulté insoluble. .

ARTICLE 17

Commission centrale

143. § 1. La commission centrale a remarqué que dans certains départements, il n'était pas toujours satisfait, comme il le faudrait, aux demandes d'instruction complémentaire émanant de ses rapporteurs. Parfois on n'y répond pas exactement, alors qu'on le pourrait avec un peu plus de soin et d'attention ; plus souvent on apporte à fournir les renseignements réclamés une lenteur excessive. D'autres fois, à l'occasion d'un recours, on croit pouvoir omettre de répondre parce qu'un fait est survenu qui, dans l'appréciation de la préfecture, rendrait une décision sans objet.

144. § 2. Je vous prie de ne pas oublier que, une fois saisie, la commission centrale, comme toute juridiction, est tenue de rendre un jugement, fût-ce un non-lieu à statuer, et que, pour formuler ce jugement, il lui est indispensable d'avoir sous les yeux les pièces de l'affaire. Tout dossier de recours qui vous est renvoyé pour instruction supplémentaire doit donc m'être retourné.

145. § 3. Sauf des cas très exceptionnels, les instructions complémentaires ne peuvent demander plus d'un mois. Si donc vous excédez ce délai, vous devrez désormais me faire connaître, au moment où il expirera, les motifs du retard.

146. § 4. Le numéro inscrit en marge de la lettre par laquelle je vous ai fait part de la demande de la commission centrale doit toujours être rappelé dans votre réponse, ainsi que la date de cette lettre. L'abondance des dossiers rend cette mesure d'ordre très utile.

147. § 5. Dans les dossiers de recours, toutes les fois qu'il y a lieu, veuillez rappeler le taux d'allocation mensuelle arrêté pour la commune à envisager.

ARTICLE 18

Radiation ou réduction du taux d'allocation mensuelle

148. § 1. Les observations consignées sous l'article 8 (B) laissent peu à dire au sujet de l'article 18 qui vise le retrait total ou partiel de l'assistance ayant pour cause la cessation des circonstances qui ont motivé cette assistance.

Il faut seulement noter avec la jurisprudence de la commission centrale que la découverte d'une situation plus aisée, d'une amélioration de l'état physique, due, soit à un examen plus attentif des autorités locales, soit aux enquêtes pratiquées par le service du contrôle, justifie la radiation sur la liste de l'assistance ou la réduction de l'allocation mensuelle (décision de la commission centrale, 1ᵉʳ avril 1909). Lors donc que le contrôle vous aura révélé la survenance de ressources chez un assisté, appelez le conseil municipal, dès la plus prochaine session, à retirer l'assistance ou à déduire du taux normal la somme correspondante à ces ressources. Si le conseil municipal ne satisfait pas à votre invitation, formez un recours devant la commission cantonale, et, au besoin, devant la commission centrale.

ARTICLE 19

Mode d'assistance

A. — *Hospitalisation*

149. § 1. L'assistance à domicile est la règle pour les assistés ayant un domicile de secours communal ou départemental. Le conseil municipal ou l'assemblée départementale ne saurait accorder l'hospitalisation, même de ceux qui ne peuvent être utilement assistés à domicile, que s'ils y consentent. Si, contrairement à la volonté de l'assisté, le conseil municipal ordonne son placement dans un hospice, il commet une violation de la loi et sa délibération doit, par conséquent, être déclarée nulle, conformément à l'article 65 de la loi du 5 avril 1884. Ne déclarez la nullité de la délibération qu'en tant qu'elle prescrit l'hospitalisation. De la sorte, cette délibération vaudra quant à l'admission à l'assistance et l'allocation mensuelle sera servie suivant le taux normal du moment qu'aucune déduction n'aura été prévue. Vainement la municipalité alléguerait que les habitudes, les conditions d'existence de l'assisté donnent lieu de croire que cette allocation recevra un mauvais usage ; c'est au bureau de bienfaisance que revient le soin d'apprécier si, en raison de ces circonstances, il convient de servir l'allocation par fractions ou de la convertir en nature pour tout ou partie (art. 21 de la loi). De toute façon, la commission cantonale est incompétente pour annuler une délibération du conseil municipal ordonnant l'hospitalisation d'un assisté contre son gré (décision de la commission centrale, 5 mars 1909).

150. § 2. Le règlement d'administration publique prévoit le cas où le vieillard, l'infirme ou l'incurable est dans l'impossibilité de donner un consentement. L'article 2, deuxième paragraphe, dispose qu'alors l'hospitalisation peut être ordonnée par le conseil municipal, sur la proposition du maire.

B. — *Placement chez des particuliers*

151. § 3. On m'a plusieurs fois demandé si le placement chez des particuliers visé par l'article 19 de la loi pouvait s'entendre du placement dans la famille, chez un enfant, chez le conjoint, par exemple. Je n'ai pas hésité à répondre négativement. L'expression « chez des particuliers » marque bien que, dans l'intention du législateur, il s'agit là d'une mise en pension chez des personnes n'ayant vis-à-vis de l'assisté aucune obligation légale ou morale. Quand un membre de la famille recueille l'assisté, le mode de secours qui convient à celui-ci est l'allocation mensuelle avec telle déduction que de droit.

ARTICLE 20

Allocation mensuelle

A. — *Taux d'allocation*

152. § 1. Dans sa séance du 22 décembre 1908, la commission centrale a résolu, par voie d'avis, une question délicate relative à la fixation du taux de l'allocation mensuelle. Ces taux sont susceptibles de revisions périodiques. Quels sont, à cet égard, les pouvoirs respectifs des conseils municipaux et des conseils généraux ? Suivant l'avis précité, dont mon administration s'inspire, c'est au conseil municipal qu'il appartient, aux termes de l'article 20 de la loi du 14 juillet 1905, d'arrêter pour chaque commune le taux de l'allocation mensuelle, sous réserve de l'approbation du conseil général et du ministre de l'intérieur; cette attribution a pour conséquence la capacité de modifier, sous les mêmes réserves, le taux précédemment établi. Dès lors, il appartient aux seuls conseils municipaux de prendre l'initiative de la revision des taux d'allocation mensuelle, les pouvoirs attribués aux conseils généraux en la matière se limitant à un droit d'approbation ou de non-approbation qui manque d'objet s'il n'y a pas acte nouveau émanant des municipalités. On ne saurait voir un acte nouveau dans la délibération d'un conseil municipal maintenant le taux d'allocation mensuelle antérieurement fixé dans les conditions légales.

153. § 2. Quand, lors d'une revision, le taux d'une commune est abaissé ou élevé, les assistés dont l'allocation mensuelle est calculée d'après le taux de cette commune, admis antérieurement, voient cette allocation diminuer ou s'accroître par le fait même, et sans qu'une décision spéciale soit nécessaire. C'est la conséquence naturelle du principe que le taux normal est la somme nécessaire et suffisante pour permettre à une personne dénuée de ressources de subsister dans une commune donnée à un temps donné. La commission centrale a ainsi jugé que doit être supprimée l'allocation mensuelle accordée à un assisté disposant de ressources insuffisantes pour assurer son existence d'après le taux alors applicable, quand, par suite de la réduction de ce taux dans la commune de cet assisté, les ressources de celui-ci égalent le taux nouvellement fixé. Dans ce cas, en effet, l'intéressé cesse d'être privé de ressources au sens de l'article 1er de la loi de 1905 (décision de la commission centrale, 4 mars 1909).

154. § 3. Lorsqu'une section vient à être distraite d'une commune pour être érigée en municipalité distincte, le taux de la commune mère reste applicable aux assistés de la nouvelle commune jusqu'à ce que le conseil municipal de celle-ci ait arrêté un taux avec l'approbation du conseil général et du ministre; ceci fait, le taux de la nouvelle commune devient applicable à tous, à ceux qui avaient été admis antérieurement aussi bien qu'à ceux qui viendraient à être admis. C'est du moins la solution que j'ai cru devoir indiquer à titre d'avis personnel quand la question m'a été posée.

155. § 4. Si une section, détachée d'une commune et rattachée à une autre, compte des assistés et que le taux ne soit pas le même dans les deux communes dont il s'agit, le taux de la commune dont la section a été distraite paraît leur être applicable tant que la commune agrandie, laquelle constitue, du fait de cet agrandissement, une nouvelle municipalité, n'aura pas arrêté un taux approuvé par le conseil général et le ministre. Ce taux devient dès lors applicable à tous les assistés de la commune sans distinction.

B. — *Déductions*

156. § 5. Suivant un avis de la commission centrale du 17 décembre 1908, ne doivent être déduites du montant des allocations mensuelles que dans la mesure prévue par la disposition de faveur édictée par l'article 20 de la loi du 14 juillet 1905 :

1° Les pensions servies par la caisse des invalides de la marine et dites de demi-solde;

2° Les pensions servies par la caisse de prévoyance des marins français;

3° Les pensions pour ancienneté de services, les pensions exceptionnelles pour blessures et infirmités et les pensions proportionnelles allouées aux marins de l'État et au personnel assimilé, sans qu'il y ait lieu de distinguer si les pensionnés sont entrés en service avant ou après le 1er janvier 1901, date à partir de laquelle a été supprimée la retenue de 3 p. 100 opérée sur la solde budgétaire et les accessoires de solde du personnel non officier.

157. § 6. Un autre avis de la même commission, en date du 17 décembre 1908, considère que les avantages tirés par plusieurs assistés d'une vie commune ne constituent pas des ressources dans le sens où ce mot est employé à l'article 20 de la loi de 1905, et qu'en conséquence le fait de la cohabitation de deux assistés, qu'ils soient mariés ou non, ne peut motiver une déduction du taux de l'allocation mensuelle accordée à chacun d'eux.

158. § 7. Les secours permanents alloués aux anciens militaires sur les chapitres 54 et 55, paragraphe 1, du budget du ministère de la guerre, et qui motivent une déduction intégrale (avis de la commission centrale du 10 mars 1908 ; circulaire du 14 juillet 1908), doivent être déduits pour le chiffre du secours reçu du ministère de la guerre qui précède le service de l'allocation mensuelle.

159. § 8. Il n'est point facile de déterminer le sens de l'expression « ressources fixes et permanentes provenant de la bienfaisance privée », qui figure dans l'avant-dernier paragraphe de l'article 20 de la loi. A titre d'exemple, je note une décision de la commission centrale qui a considéré comme telles les arrérages d'une rente viagère servie à un ancien concierge en vertu d'une délibération testamentaire écrite par le propriétaire d'un immeuble que cet homme avait gardé (décision du 12 novembre 1908).

160. § 9. Je rappelle que, pour une exacte application de la loi, les articles 1 et 20 doivent être constamment complétés par tout ce qui a été dit à propos des mots « privés de ressources » inscrits dans l'article 1er.

161. § 10. *Point d'arrêt de 480 fr. Erratum.* Vous avez sans doute corrigé de vous-même une erreur matérielle qui s'est glissée dans la circulaire du 16 avril 1906 à propos du point d'arrêt mis par le législateur à l'effet du privilège dont sont l'objet les ressources provenant de l'épargne ; au lieu de « l'allocation mensuelle sera donc de 22 fr. 50 $\left(\frac{360-90}{12}\right)$ » il faut lire évidemment « l'allocation mensuelle sera donc de 15 fr. $\left(\frac{270-90}{12}\right)$ » puisque l'annuité d'assistance, sans l'existence de ce point d'arrêt, serait de 270 fr.

ARTICLE 21

A. — Fixation du point de départ de l'allocation

162. § 1. Le droit qu'a un assisté remplissant les conditions prévues par la loi d'être inscrit sur la liste d'assistance ne produisant d'effet qu'à partir du moment où les autorités administratives l'ont reconnu, la décision de la commission centrale créant le titre de l'assisté ne rétroagit pas nécessairement au jour de sa demande ; il appartient à cette commission d'apprécier le moment où commence à courir la jouissance de l'allocation (décision de la commission centrale, 4 mars 1909). Il faudrait adopter la même solution pour les décisions des commissions cantonales, puisque le motif de décider serait identique ; seulement un recours portant sur la fixation du point de départ serait ouvert devant la commission centrale.

B. — Service de l'allocation mensuelle par fractions ; conversion en nature

163. § 2. Le bureau de bienfaisance et, s'il n'en existe pas dans la commune, le bureau d'assistance a exclusivement le droit de décider que l'allocation mensuelle sera servie par fractions, ou sera convertie en nature en tout ou en partie ; je me réfère sur ce point à ce qui est dit plus haut sous l'article 19 de la loi.

ARTICLE 23

Fixation annuelle du nombre de lits affectés au service

164. § 1. L'inspection générale a remarqué, au cours de ses tournées, que dans certains départements, on avait perdu de vue la disposition d'après laquelle le nombre des lits à affecter dans les établissements hospitaliers au service de l'assistance obligatoire aux vieillards, aux infirmes et aux incurables, doit être fixé chaque année par le préfet. Il peut, en effet, survenir des faits nouveaux qui aient pour conséquence soit de diminuer, soit, ce sera le cas le plus fréquent, d'augmenter le nombre de ces lits. Prenez soin que cette fixation soit opérée annuellement, comme le prescrit le deuxième paragraphe de l'article 23 de la loi.

ARTICLE 25

Assistés au compte de l'État

A. — *Hospitalisation*

165. § 1. La règle commune pour les assistés dépourvus de domicile de secours est qu'ils soient hospitalisés. L'article 25 de la loi le dit expressément. La commission centrale admet des dérogations quand l'infirme ou le vieillard est retiré chez les siens, ne se livre pas à la mendicité et n'a point des habitudes nomades. Mais on ne doit pas oublier qu'ici le consentement du bénéficiaire n'est nullement utile et je suis décidé à laisser sans suite les demandes d'allocation mensuelle qui me seraient adressées, pour raison de simple préférence personnelle, alors que l'admission à l'assistance hospitalière aura été prononcée après avis de la commission centrale.

B. — *Taux de l'allocation mensuelle*

166. § 2. La jurisprudence de la commission centrale est fixée en ce sens que le taux de l'allocation mensuelle, quand l'assistance est donnée sous cette forme aux assistés sans domicile de secours, est celui de la commune où réside le bénéficiaire ; il en est ainsi même quand le taux de la commune dont le conseil municipal avait, par erreur, inscrit antérieurement l'intéressé comme y ayant son domicile de secours communal, différerait de celui de la commune de la résidence.

ARTICLE 28

Frais d'administration départementale du service

167. § 1. Les frais d'envois de fonds par la poste ont été admis par application de l'article 8 du décret du 14 avril 1906 au nombre des frais d'administration départementale que vise l'article 28 de la loi comme susceptibles de donner lieu à la participation de l'Etat. Suivant la recommandation consignée dans le rapport de l'inspection générale, il faut prendre garde qu'on n'abuse de cette faculté. Les percepteurs ne doivent effectuer le paiement par la poste que dans des cas exceptionnels ; par exemple, lorsque l'assisté habite en dehors des limites de la perception, ou encore lorsque le comptable a une dispense régulière de tournées ; ce sont les termes mêmes de la circulaire du ministre des finances du 25 juillet 1907. Lorsque le receveur est en même temps percepteur, il est tenu de se rendre tous les mois dans les communes de sa circonscription et les assistés doivent être payés le jour de cette tournée à moins qu'ils ne préfèrent présenter par eux-mêmes ou par mandataires leurs bons à l'encaissement au siège de la perception. Ces prescriptions résultent également de la circulaire précitée.

168. § 2. Il n'est pas admissible qu'un receveur spécial adresse par la poste le montant des allocations mensuelles à des assistés habitant dans la résidence même du comptable. Il y a lieu dans ce cas pour les préfets de refuser le remboursement des frais d'envoi qui ne leur paraissent pas justifiés.

169. § 3. *A fortiori*, les ordonnateurs ne sont pas autorisés à envoyer par la poste aux titulaires les bons d'allocation mensuelle. Ce mode de remise des bons, que rien ne nécessite, serait fertile en abus. Vous refuseriez le remboursement des frais de poste auquel des ordonnateurs prétendraient.

170. § 4. Au surplus, je déclinerais toute participation à des dépenses présentées comme étant d'administration départementale du service qui n'auraient pas été, avant d'être engagées, reconnues telles par une instruction générale ou par une décision spéciale.

ARTICLE 29

Subventions de l'État

171. § 1. J'appelle de nouveau et très instamment votre attention sur la nécessité de faire toute diligence pour que les demandes tendant à obtenir les subventions dues par l'Etat et les justifications dont ces demandes doivent être appuyées ne subissent pas de retard. La commission du budget a formulé sur ce point de justes observations. Je voudrais qu'elle n'ait pas occasion de les reproduire. D'une façon générale les instructions du 12 février 1908 sont suivies ; la rédaction de l'état D laisse pourtant trop souvent à désirer et je crois devoir vous donner les explications suivantes :

172. § 2. Aux termes de l'article 27, paragraphe 4, de la loi du 14 juillet 1905, la colonne 4 ne doit comprendre que la part contributive de la commune, déduction faite des subventions des établissements de bienfaisance et autres ressources ne provenant pas de l'impôt, c'est-à-dire la différence existant entre les colonnes 14 et 18 de l'état 76.

173. § 3. Dans la colonne 5 doit figurer le nombre des assistés dépassant la proportion de 10 p. 1,000, la fraction d'un assisté comptant pour un assisté. Ainsi une commune de 380 habitants comptant 6 assistés n'a en réalité que 2 assistés 2/10 au-dessus de 10 pour 1,000 ; mais elle doit être considérée comme ayant 3 assistés en surnombre. Il faut calculer la proportion de la subvention de l'Etat (col. 7) suivant les indications du télégramme circulaire du 27 avril 1908.

174. § 4. D'après le texte du tableau C annexé à la loi de 1905, la subvention directe et complémentaire n'est due qu'aux communes dont la charge d'assistance (col. 4) dépasse

10 p. 100 de la dépense totale. Il n'y a donc pas lieu de proposer les communes qui ne remplissent pas cette condition.

175. § 5. De plus, afin de simplifier le travail de vérification, les noms des communes devront, sur l'état 76 et sur l'état D, être précédés d'un même numéro d'ordre. Une colonne sera ouverte à cet effet sur chacun de ces états.

176. § 6. Enfin, pour faciliter le mandatement au nom des receveurs des finances, les communes seront groupées par arrondissement sur les arrêtés; cet ordre doit aussi être adopté pour l'état D.

ARTICLE 34
Contestations relatives au domicile de secours

177. § 1. La commission centrale avait, le 21 janvier 1908, émis l'avis que le préfet, chef du service départemental de l'assistance aux vieillards, aux infirmes et aux incurables, a qualité juridique pour déférer au conseil de préfecture la solution des contestations relatives au domicile de secours. Une décision contentieuse du conseil d'Etat du 19 mars 1909 a consacré cette opinion « considérant qu'il résulte tant des dispositions de la loi du 14 juillet 1905 que de celles du décret du 14 avril 1906, que le préfet est le chef du service de l'assistance aux vieillards, aux infirmes et aux incurables dans le département, que dès lors il lui appartient de poursuivre devant le conseil de préfecture la solution des questions relatives au domicile de secours des ayants droit à l'assistance. »

178. § 2. De là découle pour le préfet une obligation que l'article 16 du décret du 3 août impose en ces termes:

« Art. 16. *Toutes les fois qu'une contestation se produit sur le domicile de secours d'une personne qui réclame son admission à l'assistance, les autorités et les juridictions saisies de la demande doivent surseoir à statuer et en informer le préfet du département de la résidence de l'intéressé. Celui-ci saisit immédiatement du litige le conseil de préfecture auquel il appartient, en vertu de l'article 34 de la loi, de fixer le domicile de secours.* »

179. § 3. Si les autorités ou juridictions sont tenues de surseoir toutes les fois qu'une contestation se produit sur le domicile de secours, contestation qui, suivant la jurisprudence de la commission centrale, peut être soulevée d'office par la commission cantonale, encore faut-il qu'il y ait véritablement contestation; suivant la remarque de la circulaire

du 14 juillet 1908, il y aurait abus à surseoir et à renvoyer la cause au conseil de préfecture si la question ne faisait aucun doute; si, par exemple, elle avait déjà été tranchée antérieurement dans d'autres espèces semblables par des décisions concordantes du conseil d'Etat.

180. § 4. Le sous-préfet, président de droit de la commission cantonale, devra veiller à faire prononcer le sursis le cas échéant et à vous informer sans retard, en s'efforçant de réunir et de vous fournir au plus tôt tous éléments d'information utiles, au point de vue du droit et au point de vue des faits; mais il doit vous réserver le soin de déférer la question au conseil de préfecture.

181. § 5. De votre côté, dans le cas où cette question porterait sur le point de savoir si l'intéressé est dépourvu de domicile de secours, vous auriez soin de m'aviser en sorte que je sois en mesure de produire mes observations devant le tribunal administratif. Si, dans la même hypothèse, le conseil de préfecture jugeait, contrairement à mon opinion, que le postulant n'a point de domicile de secours communal ou départemental, vous m'en aviseriez sans retard et m'adresseriez une copie intégrale de l'arrêté; il faut que je puisse, dans le délai de deux mois, examiner si un pourvoi devant le conseil d'Etat n'est pas à former.

182. § 6. Une décision du conseil d'Etat a annulé un arrêté du conseil de préfecture, statuant en la matière, qui avait été rendu à la requête du préfet, motif pris de ce que le préfet n'était pas autorisé par le conseil général à introduire cette requête (2 avril 1909); mais, en l'espèce, le conseil de préfecture avait condamné le département à rembourser des frais d'assistance, de telle sorte que l'action engagée avait bien le caractère d'une action départementale. Le conseil d'Etat n'eût pas exigé l'autorisation du conseil général si le préfet avait agi, non pas comme représentant du département, mais dans l'intérêt et en qualité de chef du service; cela résulte implicitement, mais très clairement, d'une décision rendue, le 19 mars 1909, par la haute assemblée.

183. § 7. Même au cas où le litige porte sur le point de savoir si l'assisté a ou n'a pas le domicile de secours départemental, c'est au préfet et non au président de la commission départementale d'agir, soit devant le conseil de préfecture, soit devant le conseil d'Etat (décision du conseil d'Etat du 19 mars 1909).

Quant au conseil de préfecture compétent, c'est celui du lieu de la résidence seul; l'article 34 de la loi le dit formellement, et le conseil d'Etat a fait application de cette disposition en annulant un arrêté rendu par le conseil de préfecture d'un département autre que celui dans lequel habitait l'intéressé (19 mars 1909).

184. Veuillez m'accuser réception de la présente circulaire ; je vous en adresse un nombre d'exemplaires suffisant pour que vous en remettiez un à chacun de MM. les sous-préfets, et à M. le secrétaire général et à votre service de contrôle.

En lisant cette instruction vous avez pu constater qu'elle vise un double but : d'une part, elle vous apporte, sur certains points obscurs de la loi, des précisions résultant de la jurisprudence et de l'expérience administrative ; d'autre part, elle met en valeur les moyens de contrôle nouveaux créés par le décret du 3 août 1909.

Lorsque la loi de 1905 est entrée en vigueur et pendant ses premiers mois d'application, les listes d'inscription ont afflué à la préfecture : elles comprenaient les vieillards de tout âge supérieur à soixante-dix ans, les infirmes de tout âge et dont l'infirmité remontait à une date quelconque, tous ceux en un mot — et leur nombre était considérable, — qui longtemps avant le 1er janvier 1907, réalisaient déjà les conditions définies par l'article 1er ; vous n'avez pu à ce moment exercer qu'un contrôle tout à fait insuffisant, et il est certain que, trop souvent, à la faveur de cette circonstance spéciale, des abus d'inscription ont été commis et vous ont échappé.

La situation est toute différente aujourd'hui ; les nouveaux inscrits se composent exclusivement d'une part des vieillards qui viennent d'arriver à l'âge de soixante-dix ans, d'autre part des infirmes dont l'état récent d'invalidité vient d'être reconnu incurable, et assez grave pour justifier l'assistance et enfin d'un nombre — appelé chaque jour à décroître, appelé prochainement à disparaître — d'attardés, dont les titres à l'assistance existaient antérieurement sans que, pour des raisons diverses, ils les eussent jusqu'à ce jour fait valoir.

185. A l'égard de ces nouveaux inscrits un double contrôle peut aisément et doit s'exercer.

D'abord le rapprochement de la liste de propositions dressée par le bureau d'assistance et de la liste arrêtée par le conseil municipal, listes qui vous sont, l'une et l'autre, transmises, vous offre un premier élément d'appréciation ; il va de soi que si un conseil municipal modifiait profondément les propositions du bureau d'assistance, en y ajoutant ou en retranchant un nombre notable de noms, votre attention devrait être spécialement éveillée sur un contraste si anormal ; il y aurait présomption que l'application de la loi est faussée dans cette commune par des considéra-

tions étrangères à son esprit véritable, et vous ouvririez immédiatement une enquête pour déterminer les motifs réels de ces divergences.

186. D'autre part, les pièces qui désormais vous doivent être obligatoirement adressées par le maire, en vertu des prescriptions du décret du 3 août, vous permettront d'instituer un premier examen des titres de chacun des nouveaux inscrits : s'il s'agit d'un vieillard pour lequel aucun certificat médical n'est produit, le bulletin de naissance devra être vérifié ; s'il s'agit d'une personne de moins de soixante-dix ans, il conviendra de lire fort attentivement le certificat médical, de pointer les cas où ce certificat vous paraîtra insuffisant pour justifier l'attribution à l'intéressé du bénéfice de la loi.

A cet égard, je vous présenterai une double observation.

187. Je vous rappellerai en premier lieu que l'admission à soixante-dix ans est la règle, l'admission à un âge moindre devant rester l'exception ; l'infirme ou l'incurable ne doit donc être admis que dans le cas d'invalidité grave et nettement établie, lorsque cet état physique le met dans l'impossibilité de gagner par son travail un salaire au moins égal au taux de l'allocation mensuelle de la commune. Qu'il y ait, en dehors des cas visés et définis ainsi par la loi, des situations extrêmement intéressantes, cela est malheureusement certain, mais il convient de ne pas perdre de vue que, si étendus qu'en soient et doivent être les bienfaits, la loi du 14 juillet 1905 n'a pu et ne pouvait se proposer d'apporter un allégement à toutes les misères ; dans bien des cas où elle ne saurait intervenir, il appartient d'ailleurs aux bureaux de bienfaisance de donner, s'il y a lieu, des secours.

188. En outre, ayant sous les yeux un certificat médical, vous ne devez considérer comme décisives les conclusions que si les prémisses mêmes sont suffisamment précises et convaincantes ; un certificat constatant par exemple qu'une personne est atteinte de hernie, d'artério-sclérose, de rhumatismes ou de varices, et qu'elle est en conséquence hors d'état de travailler, n'a en aucune façon ce caractère décisif, quelle que soit la formule finale employée et qu'explique, sans la justifier, la complaisance du médecin. Si donc ne figurent pas au dossier d'autres éléments d'information desquels il résulte nettement qu'en fait la personne visée ne relève pas de la loi de 1905, qu'elle est incurable, qu'elle se trouve dans l'impossibilité absolue et définitive de tirer de son travail un salaire égal au taux de l'allocation mensuelle, vous n'hésiterez pas à prendre de suite l'initiative d'un recours. Tout cas où le médecin se sera borné à dire que l'intéressé est atteint de tuberculose ou de maladie de cœur sera aussi à examiner de très près. Vous ne manquerez pas de faire les observations nécessaires aux médecins ayant l'habitude de présenter des certificats si insuffisants.

189. Qu'il s'agisse de tout inscrit ayant plus ou moins de soixante-dix ans, l'extrait du rôle des contributions, l'attestation du maire indiquant les ressources dont il est de notoriété publique qu'il dispose, les renseignements relatifs aux membres de la famille tenus de la dette alimentaire, doivent vous être transmis et vous mettront à même de procéder à un premier tri, de discerner les personnes nouvellement inscrites dont les droits vous apparaissent comme insuffisamment établis et à l'égard desquelles il y a lieu de recourir d'urgence devant la commission cantonale, et ultérieurement, s'il y a lieu, devant la commission centrale. Ce premier contrôle vous sera dans une très large mesure facilité en raison de ce fait que tous ces documents fournis par les maires devront être d'abord adressés au sous-préfet auquel il appartiendra, en vous les transmettant, de vous présenter, après attentif examen, son appréciation et, le cas échéant, des renseignements complémentaires. Vous signalerez de façon pressante à MM. les sous-préfets le rôle important qu'à cet égard ils sont appelés à jouer désormais pour prévenir les abus d'inscription.

190. En ce qui concerne les efforts à faire pour persuader aux enfants et les mettre en demeure d'assister, dans la mesure de leurs moyens, leurs vieux parents, comme la loi naturelle en même temps que la loi civile leur en crée le devoir, non plus qu'en ce qui concerne les recours à exercer devant la justice de paix contre ceux qui, pouvant s'acquitter de cette dette, s'y seront refusés, je n'ai rien à ajouter aux instructions si formelles que vous a adressées mon prédécesseur et à celles que vous aurez trouvées dans le cours de la présente circulaire.

191. Le premier travail qui sera fait dans votre préfecture, comme il vient d'être dit, est loin de rendre superflu le contrôle sur place ; il préparera seulement de façon très efficace l'action de ce contrôle. La méthode à suivre paraît s'imposer. Avoir par commune le nombre total des assistés, la proportion de ce nombre à la population de la commune, examiner si cette proportion est anormale, rapprocher cette constatation du contingent de la commune dans les dépenses tel qu'il résulte des barèmes ; si une commune qui ne doit payer qu'une faible partie de la dépense présente un nombre d'assistés supérieur à la moyenne, il y a présomption que le conseil municipal a une tendance à ne pas réserver le bénéfice de la loi à ceux-là seuls qui ont des titres réels à l'admission ; rechercher si dans la commune le nombre des admis au titre d'infirme ou d'incurable est spécialement élevé : si oui, il y a présomption que les certificats médicaux sont délivrés avec une particulière complaisance ; rechercher comment les déductions sont opérées ; si le taux maximum est toujours attribué ou si des déductions paraissent faites de façon uniforme, il y a présomption qu'il n'a pas été tenu exactement compte de la situation réelle et des ressources diverses des intéressés.

192. Lorsque ces constatations auront été relevées avec soin, un état sera dressé des communes dans lesquelles il est le plus urgent que vous envoyiez le contrôleur sur place. Celui-ci s'adressera d'abord au maire, puis, s'il y a lieu, au bureau d'assistance, afin de leur signaler les anomalies que présente, dans la commune, l'application de la loi ; il s'entourera de tous les renseignements utiles ; il visitera spécialement les personnes inscrites comme infirmes ou incurables et à l'égard desquelles les certificats médicaux semblent les plus douteux ; il réunira ainsi des éléments d'information sur le vu desquels il vous appartiendra ensuite de prendre des décisions, soit que vous invitiez le conseil municipal à rayer les personnes indûment inscrites, ou — car ce cas peut aussi se produire, il est tout aussi digne de votre sollicitude et appellerait avec non moins de force votre intervention — à inscrire celles qui auraient été indûment écartées, et, dans l'ignorance de leurs droits, n'auraient point fait de recours, soit que vous invitiez cette assemblée à réduire les allocations attribuées en tenant compte des ressources possédées par l'intéressé et des prescriptions de l'article 20, ou à augmenter des allocations en tenant compte des privilèges définis audit article, soit que vous exerciez un recours contre les personnes tenues à la dette alimentaire, soit enfin qu'il y ait lieu pour vous de faire usage des droits que vous confèrent les articles 63, 65 et 66 de la loi du 5 avril 1884, dans les conditions précisées ci-dessus par la présente circulaire au sujet de l'article 8.

Si cette méthode est suivie, si ces précautions sont prises, si ce double contrôle fonctionne sous votre personnelle direction, il est certain que non seulement les abus qui se sont produits au début seront tous découverts et supprimés, mais encore que des abus du même genre ne pourront être commis à l'avenir ; chacun se tiendra pour averti, et la peur d'un contrôle vigilant sera pour certains le commencement de la sagesse.

193. Mais vous ne vous contenterez pas de ces mesures ; j'attache la plus haute importance à ce que, en toute occasion, vous fassiez directement appel aux membres des commissions administratives des bureaux d'assistance, des conseils municipaux, des commissions cantonales, aux membres aussi du corps médical, afin que chacun, en ce qui le concerne, et dans son propre domaine d'action, accomplisse son devoir de bon citoyen pour assurer l'application normale de la loi de 1905. Cette loi est une des grandes œuvres sociales réalisées par la République, c'est la méconnaître que d'en refuser les avantages à quiconque y a droit; c'est aussi la méconnaître que d'en étendre abusivement le bénéfice à ceux qui ne possèdent pas ce droit. Vos divers collaborateurs et vous-même devez travailler d'un même effort à en imposer à tous l'absolu respect.

Le président du conseil, ARISTIDE BRIAND.

ANNEXES

I. — RESSOURCES PERSONNELLES DES CANDIDATS À L'ASSISTANCE

Procuration

M. (1)...., demeurant à...., département de...., déclare donner à (2)...., le pouvoir de prendre tous les renseignements qui paraîtraient nécessaires à l'instruction de ma candidature au bénéfice de la loi du 14 juillet 1905, auprès de M. l'agent
(3) { comptable de la caisse nationale d'épargne
　　　 auprès de la caisse d'épargne de....
en vue de contrôler si un dépôt à mon nom
(4) { à la caisse nationale d'épargne
　　　 à la caisse d'épargne de....
ne s'oppose à mon admission à l'assistance obligatoire aux vieillards, aux infirmes et aux incurables ou ne justifie une déduction par application de l'article 20 de la loi du 14 juillet 1905.

Vu pour légalisation :　　　Signature : (5)
Le maire d....
　　　　　　　　　　　Les témoins (5).

II. — DIRECTION GÉNÉRALE DE L'ENREGISTREMENT, DES DOMAINES ET DU TIMBRE. — N° 3282

Instruction relative à la délivrance de renseignements aux contrôleurs du service de l'assistance obligatoire aux vieillards, infirmes et incurables, pour l'exécution de la loi du 14 juillet 1905 (7 juillet 1909).

En vue d'empêcher certains abus qui se sont produits dans l'application de la loi du 14 juillet 1905 (instr. n° 3472), il a été décidé que les contrôleurs du service de l'assistance seraient autorisés à recueillir, dans les bureaux d'enregistrement, des renseignements sur la situation de fortune des assistés et des personnes tenues envers eux de la dette alimentaire.

En conséquence, les mesures suivantes ont été arrêtées à cet égard de concert avec le département de l'intérieur.

Le contrôleur du service de l'assistance obligatoire dressera, à des époques périodiques, un état, par canton, des personnes sur la situation de fortune desquelles il aura besoin d'être renseigné. Cet état, qui devra indiquer très exactement les noms, prénoms et domicile des personnes, sera transmis, par l'intermédiaire du préfet, au directeur de l'enregistrement, qui le fera parvenir au receveur compétent pour être annoté, dans une colonne à ce destinée, de renseignements généraux sur la solvabilité des intéressés. Le receveur inscrira dans cette colonne, en regard du nom de chaque personne, une mention portant soit que M.... n'a pas de compte ouvert au répertoire général, soit qu'il a un compte ouvert et que de ce compte et des autres documents du bureau il paraît résulter qu'il possède des immeubles situés à...., d'une valeur approximative de.... et des valeurs mobilières d'environ....; ou qu'il ne possède rien. Ainsi annoté, l'état sera renvoyé, par la même voie, au contrôleur de l'assistance obligatoire.

Dans le cas où ce fonctionnaire aurait besoin d'indications plus détaillées sur la situation de fortune de telle ou telle personne désignée (consistance des biens, origine de propriété, régime matrimonial, etc.), il formulera une demande spéciale, sous forme de questionnaire porté sur un bulletin qui sera transmis, de la manière indiquée ci-dessus, au receveur intéressé. Celui-ci inscrira la réponse en regard de chaque question et renverra le bulletin à son directeur, lequel restera juge des inconvénients que peut présenter la communication des renseignements inscrits par le receveur. Il appartiendra au chef de service, soit de refuser cette communication, soit de la restreindre dans la limite qu'il jugera convenable.

Les renseignements ainsi fournis auront un caractère confidentiel, et c'est avec toute la discrétion que comporte ce caractère qu'ils devront être utilisés par les contrôleurs de l'assistance obligatoire.

D'autre part, si, au cours d'une action exercée en vertu de l'article 5 de la loi du 14 juillet 1905, le représentant de l'Etat, du département ou de la commune a besoin de se prévaloir de renseignements contenus dans les enregistrements, il devra demander au receveur des extraits réguliers de ses registres, après y avoir été autorisé par le juge de paix conformément à l'article 58 de la loi du 22 frimaire an VII. L'article précité de la loi du 14 juillet 1905 accordant de plein droit le bénéfice de l'assistance judiciaire à l'Etat, aux départements et aux communes pour les instances qu'il prévoit, la délivrance de ces extraits aura lieu gratuitement, si le requérant est muni d'une ordonnance prescrivant cette délivrance et rendue en exécution de l'article 16 de la loi du 10 juillet 1901 par le président du tribunal ou le juge de paix saisi de l'affaire.

----

(1) Noms et prénoms.
(2) Au président ou à un délégué du bureau d'assistance de.... ou de la commission cantonale de.... ou au sous-préfet de l'arrondissement de...., ou au préfet du département de....
(3) Rayer celle de ces mentions qui serait inutile.
(4) Idem.
(5) Si le postulant ne sait ou ne peut écrire, il apposera un signe que deux témoins certifieront.

III. — Décret du 3 août 1909
portant règlement d'administration publique pour l'application
de la loi du 14 juillet 1905
sur l'assistance aux vieillards, aux infirmes et aux incurables (1).

INDEX ALPHABÉTIQUE

TEXTE

Le président de la République française,

Sur le rapport du ministre de l'intérieur et des cultes,

Vu la loi du 14 juillet 1905, et notamment l'article 41, dernier paragraphe, ainsi conçu : « Des règlements d'administration publique détermineront, s'il y a lieu, les mesures nécessaires pour assurer son exécution » ;

Vu la loi du 31 décembre 1907, articles 35, 36 et 37 ;

Vu le décret du 14 avril 1906, portant règlement d'administration publique relatif aux recettes et dépenses de l'assistance obligatoire aux vieillards, aux infirmes et aux incurables ;

Vu le décret du 2 mai 1899, portant règlement d'administration publique relatif aux élections du conseil supérieur des sociétés de secours mutuels ;

Vu l'avis du ministre des finances, du 29 décembre 1908 ;

Vu l'avis du ministre du travail et de la prévoyance sociale, du 4 février 1909 ;

Le conseil d'Etat entendu,

Décrète :

Art. 1er. Lorsque le vieillard, l'infirme ou l'incurable, qui réclame le bénéfice de l'assistance instituée par la loi du 14 juillet 1905, ne peut signer la demande écrite prévue par l'article 7 de ladite loi, il appose sur cette demande un signe dont l'authenticité est attestée par deux témoins domiciliés dans la commune de sa résidence.

2. Si le postulant est incapable de manifester sa volonté, la demande est établie par le maire du lieu de résidence assisté de deux témoins.

S'il est incapable de donner le consentement à l'hospitalisation exigé par l'article 19 de la loi, cette hospitalisation peut être ordonnée par le conseil municipal sur la proposition du maire.

3. Le maire est tenu de donner récépissé des demandes adressées au bureau d'assistance et des réclamations destinées à la commission cantonale.

4. A chaque session ordinaire, le conseil municipal, saisi des propositions du bureau d'assistance, statue sur l'admission des personnes remplissant les conditions exigées et dont les demandes ont été formées depuis la précédente session.

Le conseil municipal opère, d'autre part, la radiation des personnes qui auraient été illégalement inscrites sur la liste ou dont la situation se serait modifiée depuis leur admission.

Toute décision de radiation est motivée ; elle est notifiée administrativement à l'intéressé et transmise au préfet.

5. La liste des personnes admises à l'assistance est adressée au sous-préfet, qui la transmet dans les vingt jours au préfet.

La liste doit être accompagnée, pour chaque personne admise à l'assistance, des pièces suivantes :

1° Si la personne a plus de soixante-dix ans, son bulletin de naissance, et si elle n'a pas atteint cet âge, un certificat médical établissant qu'elle est atteinte d'une infirmité ou d'une maladie incurable la mettant dans l'impossibilité de subvenir par son travail aux nécessités de l'existence;

2° Un extrait du rôle des contributions délivré par le percepteur de sa résidence;

3° Une attestation du maire indiquant les diverses ressources dont il est de notoriété publique qu'elle dispose;

4° Un état relatif aux membres de la famille tenus de la dette alimentaire et faisant connaître, pour chacun de ceux résidant dans la commune, les nom, adresse, profession, charges de famille, ressources, extrait du rôle des contributions; pour ceux résidant en dehors de la commune, tous les renseignements ci-dessus visés que le maire aura pu recueillir;

5° Une attestation du maire indiquant, à l'égard des membres qui s'acquittent de la dette alimentaire, dans quelles conditions ils le font, et certifiant, à l'égard de ceux qui ne s'en acquittent pas, soit qu'il leur est impossible de s'en acquitter, soit qu'ils ont été mis en demeure de le faire et qu'ils s'y sont refusés.

6. Le délai ouvert au préfet et au sous-préfet pour réclamer devant la commission cantonale court du jour où la décision de radiation est parvenue à la préfecture pour ce qui concerne le préfet, à la sous-préfecture pour ce qui concerne le sous-préfet.

7. Le délégué des bureaux d'assistance du canton, appelé à faire partie de la commission cantonale instituée par l'article 11 de la loi du 14 juillet 1905, est nommé ainsi qu'il suit :

Les commissions administratives des bureaux d'assistance sont convoquées par le sous-préfet pour désigner leur représentant.

Les délibérations de chaque commission sont transmises immédiatement à la sous-préfecture par les soins du président.

Le sous-préfet procède au dépouillement, assisté d'un conseiller général et d'un conseiller d'arrondissement désignés par le préfet. Dans le cas où aucun candidat n'a obtenu la majorité absolue, il est procédé, quinze jours après, à un second tour de scrutin. Cette fois, l'élection a lieu à la majorité relative. En cas d'égalité de suffrages, le plus âgé est proclamé élu. La durée du mandat est fixée à quatre ans à dater de l'arrêté du sous-préfet convoquant le bureau d'assistance. Le délégué est indéfiniment rééligible.

8. Le délégué des sociétés de secours mutuels existant dans le canton, appelé à faire partie de la commission cantonale, est nommé par les conseils d'administration desdites sociétés, conformément aux règles prescrites par le décret du 2 mai 1899.

Dans les villes divisées en plusieurs cantons, ces conseils d'administration désignent un délégué pour chaque commission cantonale.

9. La commission cantonale ne peut siéger valablement qu'autant que quatre de ses membres assistent à la séance. Les décisions ne peuvent être rendues qu'à la majorité des membres présents.

10. Lorsque la commission cantonale est saisie de l'une des réclamations visées aux articles 9, 10 et 18 de la loi du 14 juillet 1905, le président doit la notifier administrativement au défendeur et le convoquer dans la même forme, ainsi que le demandeur, en les avisant qu'ils seront admis à présenter leurs observations.

11. Les décisions rendues par la commission cantonale sont motivées.

Elles sont intégralement notifiées par les soins du président, et par la voie administrative, aux parties en cause et au préfet.

De plus, elles sont inscrites sur un registre conservé dans les archives de la mairie du chef-lieu de canton et dont communication est due à tout habitant ou contribuable de la commune. Un avis contenant mention de l'inscription de la décision sur le registre est publié à la porte de la mairie.

Le délai de vingt jours, fixé par l'article 11 de la loi pour déférer la décision au ministre de l'intérieur, court, au profit des parties en cause et du préfet, à partir de la notification de la décision et, au profit de tous autres intéressés, à partir de la publication de l'avis sus-énoncé.

12. Lorsqu'en exécution de l'article 12 de la loi du 14 juillet 1905, la commission cantonale, agissant au défaut du conseil municipal, arrête d'office la liste des bénéficiaires de ladite loi, les décisions qu'elle prend à cet effet sont l'objet des mêmes publications et peuvent donner lieu aux mêmes recours que les décisions du conseil municipal défaillant.

13. Les décisions prises par la commission départementale, en vertu de l'article 14 de la loi du 14 juillet 1905, sont notifiées par le préfet aux intéressés et au maire de la commune de leur résidence, qui doit procéder aux mesures de publicité prévues à l'article 9 de ladite loi.

Le conseil général, saisi d'une réclamation contre la décision de la commission départementale, statue, sur le rapport du préfet, à sa plus prochaine session; sa décision est notifiée par le préfet aux intéressés et aux maires, conformément aux prescriptions du premier paragraphe du présent article.

14. Les recours portant sur la quotité de l'allocation mensuelle attribuée au bénéficiaire, formés en vertu de l'article 15 de la loi du 14 juillet 1905, contre les décisions de la commission départementale ou du conseil général, sont présentés dans les mêmes formes et soumis au même délai que les recours relatifs à l'admission ou à la radiation.

15. Les décisions de la commission départementale prononçant la radiation des listes d'assistance doivent être motivées; elles sont notifiées administrativement aux intéressés et transmises au préfet qui en provoque, s'il y a lieu, l'annulation, par application de l'article 88 de la loi du 10 août 1871.

16. Toutes les fois qu'une contestation se produit sur le domicile de secours d'une personne qui réclame son admission à l'assistance, les autorités et les juridictions saisies de la demande doivent surseoir à statuer et en informer le préfet du département de la résidence de l'intéressé. Celui-ci saisit immédiatement du litige le conseil de préfecture auquel il appartient, en vertu de l'article 34 de la loi, de fixer le domicile de secours.